5도2촌,
농막 세컨드하우스 활용기

'힐링, 강화도 전원주택의 시작은 이러했다'

5도2촌, 농막 세컨드하우스 활용기

'힐링, 강화도 전원주택의 시작은 이러했다'

발행일	2021년 3월 23일

지은이	박춘성		
펴낸이	손형국		
펴낸곳	(주)북랩		
편집인	선일영	편집	정두철, 윤성아, 배진용, 김현아, 이예지
디자인	이현수, 한수희, 김민하, 김윤주, 허지혜	제작	박기성, 황동현, 구성우, 권태련
마케팅	김회란, 박진관		
출판등록	2004. 12. 1(제2012-000051호)		
주소	서울특별시 금천구 가산디지털 1로 168, 우림라이온스밸리 B동 B113~114호, C동 B101호		
홈페이지	www.book.co.kr		
전화번호	(02)2026-5777	팩스	(02)2026-5747

ISBN	979-11-6539-657-2 03320 (종이책)		979-11-6539-658-9 05320 (전자책)

5도2촌,

농막 세컨드하우스 활용기

힐링, 강화도 전원주택의 시작은 이러했다

박춘성 지음

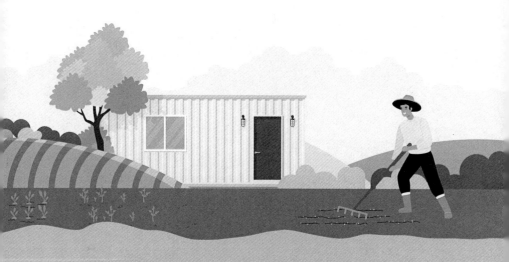

북랩 book Lab

언제인가부터 '힐링', '욜로'라는 단어와 함께 '5도2촌'이라는 신조어가 등장했습니다. 말 그대로 일주일 중 5일은 도시의 아파트에서, 나머지 2일은 한적한 시골 촌락의 세컨드하우스에서 지내고 싶다는 의미입니다.

세컨드하우스라… 정말 꿈과 같은 소리입니다. 일반적으로 세컨드하우스라고 하면 멋들어진 조경이 잘 갖춰진 아름다운 전원주택을 생각하는데, 이런 정식 건축은 비용도 꽤 많이 들지만 인허가를 받는 과정부터가 매우 복잡하여 전문가의 도움 없이는 시작하기조차 어렵습니다.

그래서 비용이 많이 들고 건축허가 절차가 복잡한 전원주택 대신 각광받는 것이 바로 농지를 활용한 농막 세컨드하우스입니다. 농막에 대한 자세한 정의와 법적 기준은 본문에서 자세히 안내드리겠으나 핵심만 간략히 요약하자면, 오직 농지에만 설치 가능한 최대 6평(20㎡) 규모의 가설건축물입니다.

전원주택에 비해 농막은 면적도 작고 법적 규제도 심해 잔디를 심거나 멋진 조경을 가꾸는 것은 제한되나, 제가 직접 경험해보니 아예 귀농·귀촌하는 것이 아니라 저와 같이 도시에서의 생업은 유지하면서 주말에만 기거하는 5도2촌의 삶을 추구하는 것이라면 6평 농막만으로도 세컨드하우스의 기능을 수행하기에 부족함이 없습니다. 게다가 비용 측면에서는 전원주택 건축과는 비교조차 하기 힘들 정도로 저렴합니다.

간단히 비교해봐도 30평 규모의 전원주택을 건축하려면 토지의 값을 제외하고도 대략 2억 원 이상이 필요한데, 6평 농막이라면 저렴하게 는 1천만 원에서 최고급 사양이면 3천만 원 정도로 세컨드하우스를 꾸 밀 수 있습니다. 그리고 면적은 작아도 수세식 화장실, 싱크대 주방 등 생활에 필요한 모든 것을 갖출 수 있어 가성비 측면에서 아주 극명한 효율을 얻을 수 있습니다.

사실, 이 책은 제 인생계획에 전혀 없던 것입니다. 아니, 이 책의 배 경이 된 농막 세컨드하우스 자체가 전혀 계획에 없었습니다. 마흔 이전 에는 직장인으로서 회사가 제 인생의 전부인 양, 가족들 먹여 살린다 는 명분으로 회사에 충성하고 기술사 자격과 공학박사 학위를 취득하 느라 주말 없이 일하며 공부하며 지냈습니다. 마흔을 경계로 프리랜서 의 삶을 시작하면서부터 다소 시간 여유가 생기면서 세컨드하우스라 는 것에 대해 조금씩 관심갖게 되었습니다.

그러던 차에 2020년 코로나19 바이러스가 확산되었고, 한번도 겪어 보지 못한 대유행에 세상이 모두 멈춰 버렸습니다. 직장인보다는 여유 있는 프리랜서이지만 그래도 나름 바쁘게 살아오던 저에게 갑자기 엄 청난 시간이 생겨버렸습니다. 게다가 정부의 사회적 거리두기 정책까 지 적용되어, 더욱이 아이들이 마음껏 뛰어놀 수 있는 우리 가족만의 격리된 공간을 알아보게 되었습니다. 그 결과가 농막 세컨드하우스로 발전한 것이었습니다.

책을 읽어보시면 아시겠지만, 비용이 많이 드는 전원주택 건축 없이 도 지난 2020년에 강화도의 농막 세컨드하우스에서 가족들과 5도2촌 생활을 하면서 정말 잊을 수 없는 소중한 추억을 많이 쌓았습니다. 아 주 행복한 기억이지요. 저와 같이 가성비 좋은 5도2촌 세컨드하우스

생활을 꿈꾸신다면 이 책이 구체적인 방향을 알려드리는 좋은 참고서가 될 것입니다.

여러분, 더 이상 막연한 두려움에 걱정이나 고민만 하지 마시고 농막 세컨드하우스를 실행에 옮기세요. 자연이라는 또 다른 아름다운 세상이 펼쳐질 것입니다. 가족들과 특히 아이들에게 잊을 수 없는 소중한 추억이 만들어질 것입니다.

2021년 봄, 볕 내리쬐는 강화도 세컨드하우스에서

박춘성

〈책의 배경이 된 강화도 농막 요도 및 전경〉

출처: kakao map

Prologue ··· 5

1장 토지 매입

1절 세컨드하우스 구상의 계기 ··· 15

　시골 세컨드하우스에 대한 막연한 동경 ··· 16

　석모도 토지 공매투자 실패기 ··· 19

　강화도 첫 토지답사 ··· 25

　춘천 자연인 하우스 견학 ··· 30

2절 위치선정 ··· 35

　다시 강화도··· 본격적으로 토지답사 ··· 36

　계약금 입금 전 구두약속은 모두 무효 ··· 41

　농막을 알아보다 ··· 46

　세컨드하우스용 토지매수 가계약 ··· 53

　지적경계 복원 측량 ··· 60

　드디어 본계약 ··· 72

2장 농막 세컨드하우스 구축

3절 행정 절차 ··· 83

　　농막 세컨드하우스 계획 수립 ··· 84

　　토지 잔금, 등기이전 완료 ··· 88

　　컨테이너 농막 제작 발주 ··· 95

　　가설건축물 축조 신고 ··· 101

4절 시설 공사 ··· 109

　　정화조 업체 견적 받기 ··· 110

　　농막부지 잡풀제거 및 지반다짐 ··· 115

　　농막 제작 중간확인 ··· 119

　　정화조 공사 포함 범위 ··· 124

　　농막 컨테이너 반입 설치 ··· 129

　　전기인입 공사 ··· 138

　　정화조 설치 공사 ··· 146

　　씨 뿌리고 삼겹살 직화구이, 그리고 창후항 ··· 155

　　전기안전검사, 불합격 ··· 161

　　농막 전기설비 재작업 ··· 166

　　전기안전검사 합격, 강화 풍물시장 ··· 170

　　상수도인입 공사, 드디어 물 나온다! 첫 숙박 ··· 177

3장 농막 세컨드하우스 활용

5절 5도2촌 주말농장 ⋯ 191

   강화읍 유적 답사, 석모도 힐링 여행 ⋯ 192

   농막에 도로명 주소 신청 ⋯ 197

   태풍 피해 ⋯ 205

   정화조 준공이 안 되어 속 썩임 ⋯ 209

   옥수수 첫 수확, 농부가 되기로 마음먹다,

   농업 사업자 등록 ⋯ 216

   메쉬펜스 울타리 설치, 정화조 준공검사 ⋯ 223

   아이들과 화덕 만들고 가재 잡고 ⋯ 233

   감나무 심고, 유명 블로거와 인터뷰 ⋯ 238

   완연한 가을, 수확의 계절 ⋯ 244

   농막 세컨드하우스에서의 겨울 이야기 ⋯ 250

6절 수익 실현 ⋯ 255

   경우에 따라 매도하여 투자수익 얻을 수 있다 ⋯ 256

Epilogue ⋯ 261

.

1장
토지 매입

세컨드하우스
구상의 계기

시골 세컨드하우스에 대한 막연한 동경

저는 태어나서 지금까지 한 번도 전원생활을 해본 적이 없습니다. 군 복무기간에는 서부전선 최전방인 판문점 인근에서 근 6년간 살아 봤으나(저는 현재 예비군 상사입니다), 통제받는 군 복무기간을 전원생활이라고 볼 수는 없겠지요.

그리고 28세에 가정을 이루면서 캠핑을 몇 번 다니게 되었고 이러한 경험이 누적되어, 40대에 들어선 이후부터는 마음속에 전원생활에 대한 막연한 동경이 자리잡기 시작했습니다. 참 신기합니다. 전원생활을 한번도 해본 적 없는 도시인이 전원생활을 동경하게 되다니…. 아마도 도시생활에서 지친 몸과 마음에 대한 보상심리가 발현된 것 아닌가 싶습니다.

저는 실업계 공고 토목과를 졸업하고 건설현장에 바로 취업하여 2년간을 일했고, 군 입대 후 이등병에서 시작해 기술부사관으로 진급하여 약 6년간을 군부대에서 보냈으며, 전역 후에는 운 좋게 현대건설이라는 굴지의 대기업에 말단 계약직에서 시작하여 정규직 현장대리인까지 약 12년을 근무했습니다. 이렇게 총 20여 년 치열하게 직장생활을 하다 보니 몸과 마음에 전혀 여유 없이 살아왔습니다.

그러다 제 첫 번째 책『새벽 4시, 꿈이 현실이 되는 시간』에 쓰여 있듯이 어떠한 계기로 과감히 사직서를 내던지고 직장의 속박에서 벗어나게 되었고, 이후 두 번째 책『새벽 4시, 연봉 2억 프리랜서가 되는 시간』에 쓰인 것과 같이 자유로운 기술직 프리랜서의 삶에 안착하게 되었습니다.

운이 좋게도 일이 잘 풀려, 프리랜서로 근로하는 시간은 직장 다닐 때보다 3배 정도 줄어들었는데, 월 평균소득은 오히려 3배 정도 늘어나게 되어 경제적으로 시간적으로 여유가 생기니 마음에도 여유가 생기기 시작했습니다.

물론, 2017년 당시 프리랜서를 처음 시작하자마자 바로 이렇게 여유가 생긴 것은 아니었습니다. 한 2년 정도 열심히 뛰어다니며 프리랜서로서 입지를 구축하여 자리매김을 하였고, 그 결과 2019년부터 어느 정도 안정권에 안착하게 되어 이때부터 막연히 동경만 하던 주말 세컨드하우스에서의 전원생활을 시작해보기로 마음먹고 이곳저곳 기웃거리며 알아보기 시작했습니다.

역사적으로 생산수단을 소유한 자는 지배하는 계층에 속하고, 반대로 생산수단을 소유하지 못한 자는 지배받는 계층으로 전락하게 됩니다. 현대사회에서의 대표적인 생산수단으로는 채권, 주식, 사업체, 상가, 아파트 등이 있는데, 역사적으로 가장 전통적인 생산수단은 바로 땅, 즉 '토지'입니다.

토지가 있어야 국가도 있는 것이고, 토지가 있어야 공장이든 아파트든 지을 수 있는 것이지요. 세컨드하우스 역시 무엇보다도 토지가 먼저 확보되어야만 합니다. 그래서 저는 세컨드하우스를 조성할 토지를 우선 소유하고자 알아봤습니다.

토지를 소유하는 방법은 부모로부터 상속받는 게 아니라면 크게 2가지 방법밖에 없습니다. 하나는 일반적인 방법으로 공인중개사에게 중개 수수료를 지급하고 정상적인 땅을 제값에 매수하는 방법이고, 다른 하나는 특수한 방법으로 법원 경매나 공매 제도를 통해 모양새나 권리에 하자가 있는 토지를 다소 저렴한 가격에 낙찰받는 방법입니다.

사람 심리가 토지이든 뭐든 간에 당연히 더 값싼 것을 우선 찾게 되어 있습니다. 그래서 저 역시도 우선은 경매 공매 제도를 통해 저렴한 토지를 매수해보고자 알아봤었습니다. 그 결과부터 말씀드리면 어설프게 토지 공매에 도전했다가 호되게 쓴맛을 봤습니다.

있는 그대로 말씀드려 현재 1,300만 원 정도가 공매 낙찰받은 토지에 묶여 있습니다. 그 토지의 가치가 감소되는 것은 아니기에 손해 봤다고 할 수는 없지만 궁극적으로 되팔아서 자금 회전을 시켜야 하는데 토지 모양새가 이상하거나 권리관계가 복잡하다 보니 팔기가 어렵습니다. 즉 1,300만 원 정도가 꺼낼 수 없는 저금통에 꽁꽁 묶여 있는 상황입니다. 역시 뭐든지 충분히 공부되지 않은 투자는 그리 좋은 성과를 얻지 못합니다.

석모도 토지 공매투자 실패기

저는 항상 독학 인생이었습니다. 학사 학위도 독학으로 받고, 기술사 자격증도 독학으로 취득했고… 그래서 경매 공매 역시도 독학으로 책을 통해 공부했었습니다. 도서관에서 경매와 공매에 관한 책을 수십 권 빌려 읽어본 후 공매를 통한 토지 매수에 나서봤던 것입니다.

경매와 공매의 차이점을 간략히 정리해보겠습니다. 경매는 반드시 해당 경매 일자에 해당 법원에 참석하여야만 입찰할 수 있습니다. 한 번 입찰하려면 시간을 많이 뺏기지요. 그래도 낙찰받으면 다행인데 나보다 더 높은 금액으로 입찰한 사람이 있어 패찰하게 되면, 시간은 시간대로 뺏기고 그 시간에 돈도 못 벌고, 여러 면에서 손해가 막심합니다. 반면 공매는 인터넷으로 입찰하는 방식이기에 경매에 비해 시간 손실이 현저히 줄어듭니다.

저는 시간이 세상에서 가장 소중한 자원이라 생각하는 사람이기에 이러한 시간활용의 장점 때문에 경매보다는 공매 방식을 더 선호합니다. 물론 이 외에도 경매와 공매의 장단점을 설명하자면 무수히 많은 차이점들이 있지만, 이 책의 주제는 농막 세컨드하우스이지 경매 공매 토지투자가 아니기에, 경매와 공매에 대해서는 여기까지만 언급하겠습니다.

처음에는 경험삼아 논산의 자그마한 30평 크기 농지에 공매 입찰하여 낙찰받았고, 그 경험을 바탕으로 두 번째로는 강원도 횡성의 어느 일가족이 공유하고 있는 넓은 농지의 20% 지분을 낙찰받아 그 가족에게 바로 되팔았습니다. 이 과정에서 실투자금 700만 원을 들여 불과 4개월 만에 1,200만 원으로 되팔았으니 양도세를 감안하더라도 아주 괜찮은 투자 수익을 얻을 수 있었습니다.

이때에는 마치 제가 무슨 토지 투자의 초고수라도 된 듯한 착각에 빠졌었습니다. 이렇게 일가족이 공유하고 있는 토지만을 대상으로 하는 지분투자가 돈벌이가 된다고 생각 들었고, 그래서 넘치는 자신감으로 공유지분 토지투자를 이어나갔습니다. 강원도 횡성 다음으로 입찰한 경남 함양의 지분투자에서도 나쁘지 않은 수익을 올릴 수 있었습니다.

이런 식으로 지분투자에 집중하여 매월 1건씩만 처리해도 별로 시간 들이지 않으면서 어지간한 직장인 월급 정도는 벌 수 있겠다는 생각이 들다보니, 경공매의 목적이 세컨드하우스용 토지를 구하는 게 아니라 공유지분 토지 매매를 통한 단타 투자 형식으로 취지가 변질되어 버렸습니다.

그러다 제대로 일이 터졌습니다. 두 건의 수익으로 자만했는지 인천 광역시 강화군 석모도에 있는 자그마한 농지를 이어서 지분투자했었는데, 거기서는 이러지도 못하고 저러지도 못하고 그냥 투자금 수백만 원이 묶여버리게 되었습니다.

그 석모도 토지는 5명의 가족이 공유하고 있었는데 나중에 낙찰받은 후 단타 매도하기 위해 알아보니 공유자 중 두 명이 제대로 사망신고 되지 않은 망인이었고, 또 다른 한 명은 현재 행방불명 상태였기에 도저히 그 가족들에게조차 되파는 것이 불가능해 아주 난처하게 되어

버렸습니다.

이 문제를 해결하고자 부득이 공유물 분할 청구 소송을 제소했고, 한참을 전자소송을 통해 법정에서 투닥거리며 많은 시간을 빼앗겼습니다. 무수히 많은 보정서류 제출과 법정 변론기일 참석 등 반년 이상 시간을 빼앗기고 나서야 겨우 형식적 경매로 처분할 수 있도록 판결을 받아낼 수 있었습니다.

형식적 경매란, 공유물에 대해 공유자들이 합의로 분할이 되지 않을 때, 법원에서 대신 그 물건을 경매로 매각하고 그 매각대금에서 법원 경매집행 비용을 공제한 후 나머지 금액을 지분별로 공유자에게 돌려주는 방식입니다.

〈석모도 공매 토지 보정명령〉

인 천 지 방 법 원
보 정 명 령

사　　　건　　　201 가단2 6 <u>공유물분할</u>

원　　　고　　　박춘성

피　　　고　　　김 외 4명

원고는 이 명령의 보정기한까지 다음 흠결 사항을 보정하기 바랍니다.

보정기한: 송달된 날로부터 14일 이내

흠 결 사 항

피고 1. 김 (221102-2)와 피고 5. 김 (581125-1)은 <u>주민등록상 사</u>
망말소자인바, 피고 1. 김 와 피고 5. 김 의 상속인을 상대로 소를 유지하고자
하는 경우에는 위 피고들의 기본증명서, 가족관계증명서, 친양자입양관계증명서, 제적
등본, 혼인관계증명서 및 위 피고들의 상속인들의 주민등록초본을 각각 첨부하여 당사
자표시정정신청서와 청구취지 및 청구원인변경신청서를 제출하기 바랍니다.

201 . 12. 10.

판사　　　　조

〈석모도 공매 토지 공유물 분할 판결문〉

인 천 지 방 법 원

판 결

사 건	201▨가단2▨▨▨6 공유물분할
원 고	박춘성

─── 중략 ───

주 문

1. 인천 강화군 삼산면 상리 ▨▨ 답 389㎡를 경매에 부쳐 그 매각대금에서 경매비용을 공제한 나머지 금액을 원고와 피고들에게 별지 2 '원고와 피고들의 공유지분 내역' 중 '현재 지분' 기재 각 비율로 각 분배한다.

2. 소송비용은 각자 부담한다.

─── 중략 ───

3. 결론

이에 주문과 같이 판결한다.

판사   조▨▨ ▨▨▨▨▨▨▨▨▨▨▨

판결문을 받아도 끝이 아니었습니다. 이 판결문을 근거로 법원에 다시 형식적 경매를 위한 소송 절차를 진행해야 하는데, 이 비용을 따져 보니 경매로 팔린다 하더라도 원금조차 온전히 회수하기 힘들어 보였습니다.

결국 고민 끝에 이 땅은 그냥 대대손손(?) 제 아이들에게 물려주기로 했습니다. 혹시 압니까? 한 30년 후에 북한과 교류가 활성화되면서 이쪽 석모도가 천지개벽되듯 개발되어 땅값이 천정부지로 치솟을지? 그냥 마음 비우고 좋게 생각하렵니다.

이 건 외에도 경남 남해군에 바다가 보이는 전망 좋은 곳에 공유지분 토지도 있는데, 석모도 사건으로 법정다툼 하느라 하도 진이 빠져 남해군 토지는 공유물 분할 소송조차 하지 않고 그냥 대대손손 물려주려 합니다. 아들이 둘이니 하나씩 사이좋게 물려주면 공평하겠네요.

비록 투자금은 회수하기 힘들지만, 그 토지가 없어지는 것은 아니니 아이들을 위해 로또복권 사두었다고 생각하고 그냥 잊고 지내려 합니다. 당첨되면 좋고 아님 말고.

이렇듯 경공매에 나온 토지는 한결같이 무언가 하자가 있습니다. 땅 모양이 특이하게 못생겼다든가, 아니면 개발이나 건축이 불가능한 맹지이거나 또는 공유관계가 복잡해 권리상 하자가 있거나 합니다. 만약 하자가 없는 토지라면 경공매 나오기 전에 미리 급매로 매각되거나 경공매 나왔어도 일반 시세대로 누군가 벌써 초장에 낙찰받아버릴 것입니다.

그러니 경공매 분야에서 잔뼈가 굵은 전문 '꾼'이 아니라면, 경공매로 토지를 취득하시는 것보다 쉽고 안전하게 현지 공인중개사를 통한 정상적인 거래를 추천합니다.

강화도 첫 토지답사

2019. 11. 16.(토) "4시 기상. 업무보다가 8시 강화도 토지 임장 출발. 부동산 방문. 화도면 등 토지답사. 평당 80~100만 원. 가격이 만만치 않다. 구태여 이 돈을 들여서 땅에 묶어둘 필요가 있나 싶기도 하다."

앞서 언급했던 석모도의 공유지분 토지를 처리하는 과정 중에 강화군을 대여섯 번 정도 왔다 갔다 했습니다. 석모도로 들어가려면 반드시 강화도를 거쳐 석모대교를 건너야만 하다 보니 의도치 않게 강화도의 구석구석을 훑어보게 되었습니다.

그때 느꼈던 강화도에 대한 이미지는 아주 신비로운 섬이라는 느낌이었습니다. 돌이켜 기억을 떠올려보니 저는 인천 토박이인데도 불구하고 강화도에는 그때까지 살면서 한 3번 정도 밖에 안 와봤던 것이었습니다.

아주 어릴 적 초등학생이었던 1980년대 말에 학교 소풍으로 한번 왔었던 것 같고, 2007년에 현재의 마눌님과 연애할 때 강화도 동쪽 해안도로를 드라이브하다가 초지진 주변에서 접촉사고를 냈던 기억이 있습니다. 마지막으로 가장 최근에 들렀던 것은 2016년 겨울에 아이들 친구 가족인 동네 사람들과 함께 강화도의 어느 저수지에 겨울방학 맞이 빙어축제에 놀러 와 얼음낚시를 했던 적이 있습니다.

대략 평균을 내어보니 강화도에는 한 10년에 한 번 정도 왔던 것 같네요. 아무리 거리가 가까워도 섬이라는 특수성 때문에 마음의 거리가 있었던 것 같습니다. 이렇게 10년에 한 번 올까 말까 하는 곳을 석모도 토지 공유지분 문제 처리한다고 몇 개월 사이에 대여섯 번을 들락거리다 보니 강화도가 예전과 달리 좀 더 친근해 보이기 시작했습니다.

인터넷에서 지도를 펼쳐놓고 곰곰이 생각해보니 제 집(인천 송도)과도 직선거리로 40㎞ 이내이고, 또한 우리나라에서 가장 교통 요충지인 서울 강남에서도 불과 60㎞ 정도밖에 안 되는 거리였습니다.

〈강화도의 거리〉

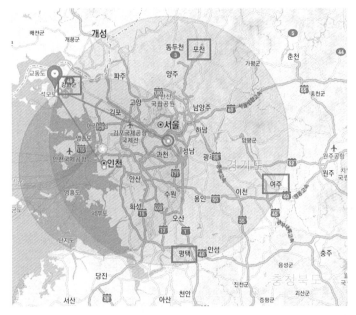

부동산에 관심 있으신 분들은 잘 아시겠지만, 수도권 지역의 토지 값은 강남과의 거리가 가까울수록, 또는 강남으로 가는 교통이 편리할 수록 더 비싸집니다. 이렇게 지도상에서 강남으로부터 거리를 비교해 보니 북쪽으로는 포천, 동쪽으로는 여주, 남쪽으로는 평택과 강화도가 비슷한 거리였습니다. 그런데 땅값은 이 3개 지역에 비해 강화도가 턱 없이 더 저렴합니다.

아무래도 섬이다 보니 진·출입 교량이 2개(강화대교, 초지대교)밖에 없어서 아직까지 교통은 다소 불편함이 있어 땅값이 좀 저렴한 것이지, 만약 이 교통만 개선된다면 분명히 포천, 여주, 평택과 얼추 비슷한 가격으로 지가가 껑충 뛸 것이라는 생각이 들었습니다.

여기까지 생각이 미치자 강화도의 토지를 제대로 답사해보고 싶은 마음이 들었습니다. 그래서 강화도의 몇몇 공인중개사를 인터넷에서 검색하여 전화해봤고, 마침 강화도의 남쪽 화도면 지역에 매물 나온 토지가 많이 있다고 하여 그 지역 공인중개사 중심으로 전화 걸어봤습니다.

그중 가장 친절하게 답변해주는 공인중개사 한 분과 시간약속을 잡고 2019년 11월 16일 토요일에 세컨드하우스로 할 만한 약 100평 정도의 건축허가 가능한 토지를 찾고자 방문했습니다. 그날 5개 토지를 둘러봤는데 대부분 경치도 좋고 공기도 좋아서 아주 마음에 들었습니다. 다만, 비용이 문제였지요.

2016년 겨울에 동네 이웃들과 강화도 빙어축제에 놀러왔을 때, 이웃 아빠 중 한 분이 강화도 토박이 출신인지라, 당시에 듣기로는 강화도에 전망 괜찮은 농지를 매수하려면 평당 50만 원은 잡아야 한다고 들었습니다. 그런데, 불과 3년이 지난 2019년에는 바다가 보이거나 지대가 높아 경치가 좋은 입지는 기본 평당 100만 원 이상을 불렀습니다. 경치가 그렇게 좋지는 않더라도 축사나 묘지 등 기피시설이 없는 토지만 하더라도 평당 80만 원 밑으로는 매물이 아예 없었습니다.

나중에서야 알게 된 것이지만, 강화도의 토지 시세는 남쪽에 가까울수록 군사목적 용도제한이 없어 가격이 비싸고, 또한 교량이 있는 동쪽에 가까울수록 교통이 편리하여 가격이 더 비싸다고 합니다. 어찌 보면 당시 저는 강화도 내에서 가장 비싼 지역들만 둘러봤던 것이지요.

여하튼 자그마한 100평 정도의 토지만 사려고 하더라도 금액이 최소 1억 원이 넘게 필요하니 덜컥 겁도 났고, 이 돈을 꼭 토지에 묶어놔야 하는지도 고민되었습니다. 아파트는 여러 번 사고팔고 해봐서 경험이 많았지만, 토지는 공인중개사를 통한 정상거래를 해본 적이 한번도 없어 낯설기도 하고 두려움도 좀 있었습니다.

저는 2017년도부터 주택임대사업자를 등록하여 아파트를 매입해 전세를 주는 방식으로 소위 갭 투자를 몇몇 하고 있었는데 2019년 연말까지만 해도 아파트와 임대사업자에 대한 규제가 지금처럼 심하지는 않았습니다.

오히려 정식으로 임대사업자 등록하면 전세 물량 공급에 도움을 주므로 국민 주거안정에 기여된다 하여 정부에서 임대사업자를 강력히 장려하던 시기도 있었습니다. 즉 저처럼 이미 다주택자라 할지라도 아파트 추가매수에 별다른 규제가 없었던 시기였습니다.

현재는 정부에서 임대사업자도 모두 말소하라고 하고 다주택자가 아파트를 구매하면 취득세가 12%나 되는 징벌적 과세를 부여하고 있지만,

당시에는 다주택자도 취득세 1%만 적용되었기에 근 1억 원이라는 큰돈을 전망 불확실한 토지에 투자하기보다는, 수익률이 확실한 아파트 임대사업에 투자하는 것이 더 좋은 것이라는 생각이 많이 들었습니다.

그래서 고민 끝에 준비되어있던 여유자금으로 강화도 토지를 사는 대신, 주택 임대사업자로서 천안에 있는 아파트 2채를 추가 매수하였고 이렇게 수중의 여유자금이 없어지니 자연스레 강화도 토지에 대한 생각은 잊혀져 갔습니다.

춘천 자연인 하우스 견학

2020. 3. 9.(월) "9시에 가족나들이 출발. 춘천 자연인 하우스, 나도 김 교수님처럼 땅 사서 전원주택 만드는 것 무지 해보고 싶다. 근데 돈이 안 되기에 고민이다."

2020년 2월, 코로나19 바이러스가 급격히 확산되면서 급기야 3월부터는 우리 사회가 멈춰버렸습니다. 프리랜서 교수로서 건설기술인 직무교육 강의를 주업으로 하던 저 역시 코로나19 확산 우려로 모든 대면 강의 일정이 취소되어 버렸습니다.

처음 일주일 정도는 원 없이 놀 수 있다면서 좋아했습니다. 3월 초반에는 오랜만에 휴식에 신나서 제주도에 가족여행도 다녀오고 잘 놀았는데 한 2주 정도 지난 후부터는 집에서 쉬는 것도 눈치 보이고 소득감소로 인한 경제적 타격도 있어 고민이 되었습니다.

그 시기에 제가 존경하는 건설기술인 직무교육 분야의 선배이신 김성남 교수님은 선견지명이 있으셨는지 코로나19 확산되기 1년 전 부터 한발 앞서서 춘천 사북면 고탄리 산골에 전원주택지를 매수하여 자칭 '자연인 하우스'라 농담하시며 컨테이너를 가져다놓고 주말마다 별장처럼 지내고 계셨습니다. 김 교수님이 교육원에서 마주치면 늘 한번 놀러 오라고 말씀하셨던 게 생각나 코로나19로 할 일도 없으니 나들이 겸 가족과 함께 춘천의 김 교수님의 자연인 하우스에 놀러갔습니다.

감사하게도 김 교수님이 야외 바비큐를 준비해주시어 예상치 못한 캠핑 분위기를 연출하며 아주 맛있게 삼겹살을 같이 구워 먹었습니다. 풍광 좋은 춘천 산림 속에서 구워 먹은 바비큐도 매우 맛났었지만, 11살, 12살인 제 두 아이들이 자연 속에서 신나게 뛰어노는 것을 보니 정말 보기 좋았습니다.

〈춘천 김 교수님댁 자연인 하우스에서, 통나무 들고 뛰어노는 아이들〉

아이들이 자연 속에서 직접 흙을 만지고, 통나무를 주워와 쌓고, 개울가에서 가재를 잡는 등 이렇게 신나게 잘 노는데 여태껏 너무 도시 속에서만 키운 것이 아니었나 싶어 아이들에게 미안한 마음도 들었습니다. 이러한 아이들의 즐거워하는 모습에 저와 마눌님 둘 다 우리도 이런 세컨드하우스가 있었으면 좋겠다는 생각에 공감하게 되었습니다.

춘천 자연인 하우스의 컨테이너 시설을 살펴보니 비록 좁기는 하지만 6평(20㎡) 안에 싱크대와 수세식 화장실이 잘 갖춰져 있어 하루 이틀 지내는 데 큰 불편이 없어 보였으며, 전기온돌과 난로를 켜두니 늦겨울 기온에도 내부는 따스했습니다.

바비큐를 먹으며 대화를 나누다 보니 여기 전원주택지에서 지내고 있는 분들이 평일임에도 꽤 많이들 보였습니다. 모두들 코로나19로 인해 쉬게 되면서 인적 드문 산골 별장으로 피신온 것이라 합니다.

대체 뭐하시는 분들이기에 이렇게 비싼 토지를 매수하여 별장처럼 지내는지 궁금했습니다. 여쭤보니 대부분 특별한 것 없는 일반 직장인이라고 합니다. 엄청 부자들만 이렇게 주말 별장을 소유하는 줄 알았는데 알아보니 그게 아니었습니다.

김 교수님께 총 소요비용을 여쭤보니 200평 토지매수에 7천만 원, 6평 컨테이너 제작설치에 약 1천만 원, 총 8천만 원 정도 들었다고 합니다. 어쨌든 8천만 원이면 적은 돈이 아닌데, 부담되기는 마찬가지입니다.

그런데 좀 더 알아보니 토지는 통상 50~70% 수준까지는 담보대출이 가능하다니 만약 대출을 실행한다면 3~4천만 원 정도면 토지 매수하여 이런 세컨드하우스 조성이 가능하다는 계산입니다.

이날 김 교수님의 춘천 자연인 하우스 방문을 계기로 한동안 잊고 지냈던 세컨드하우스에 대한 동경이 다시금 고개를 들었습니다. 게다가 당시에는 정부에서 주택값 상승의 원인을 공급물량 부족이 아닌, 다주택자들 때문이라는 억지 프레임을 씌우던 시기라서 수중의 여윳돈이 있어도 더 이상 아파트에 투자하기는 어려운 상황이었습니다.

그전까지 저는 강의나 기술자문 등의 프리랜서 활동으로 열심히 근로하여 수중에 한 3천만 원 정도 모이면 투자가치 있는 아파트를 매입하여 전세를 주는 방법으로 대부분 재산을 아파트에 투자해 두었는데, 한때는 시장에 전세물량 많이 공급하라고 오히려 임대사업자 등록을 장려하던 정부가 어느 순간부터는 저와 같은 다주택자를 마치 적폐세력인 양 몰아가고 있었습니다.

그래서 더 이상 아파트에 투자하지 말고 차라리 토지에 투자한다 생각하고, 김 교수님처럼 자그마한 토지를 매수하여 컨테이너 하나 가져다 두고 싶어서 김 교수님이 거래했던 춘천 공인중개사의 연락처를 받아, 인근에 이처럼 경치 좋고 저렴한 토지 매물을 소개해 달라고 했습니다.

그 공인중개사가 알아봐주기로는 춘천 사북면 일대는 평당 30만 원 정도면 괜찮은 매물을 잡을 수 있었습니다. 춘천뿐만 아니라 인접한 화천 지역도 알아봤는데 총 5천만 원 정도면 100평 이상 되는 괜찮은 전원 주택지를 매수할 수 있을 것으로 보였습니다.

그 정도 비용이라면 토지담보 대출 좀 받으면 충분히 감당 가능한데, 문제는 집에서부터의 거리였습니다. 제가 거주하고 있는 인천 송도에서 춘천이나 화천까지 오려면 차 안 밀려도 2시간 30분이 걸리는데, 매주 이렇게 왕복 5시간을 다니기에는 분명히 무리가 있어 보였습니다.

2절

위치선정

다시 강화도… 본격적으로 토지답사

> 2020. 4. 23.(목) "4시 기상. 5시 반 출발. 강화 임장. 물건 2개는 별로 고 마지막 1개가 매우 마음에 든다. 내가면 신선저수지 바로 옆에 있고, 예년 겨울에 동네 애들 가족과 놀러가서 빙어낚시 축제했던 곳. 물도 보이고. 산도 보이고 아주 마음에 든다. 평당 65만 원. 대출만 잘 실행된다면 실제로 매수하여 세컨드하우스 조성 예정. 이를 소재로 다음번 책 쓰는 것도 좋을 듯하고."

　근 한 달간 춘천과 화천, 양평, 태안 등 다양한 농막 세컨드하우스 후보지를 손품 발품 팔아 찾아봤습니다. 위치나 거리상으로는 양평이 참 좋은데 가격이 매우 비쌉니다. 또한 양평군청에서는 외지인의 무분별한 유입을 제한하기 위해 컨테이너와 같은 가설건축물에는 정화조 설치가 불가능하도록 조례에 정해놨다고 합니다. 정화조 설치를 못하면 상수도가 연결되어도 하수 배출시설이 없어 수세식 화장실이나 싱크대 등을 사용하지 못하니 낭만적이고 감성 돋는 세컨드하우스 생활은 불가능할 것입니다.

　양평을 제외한 나머지 춘천, 화천, 태안 등도 몇 군데 알아봤는데 토지 매수비용이 상대적으로 저렴해서 초기 투입비용은 절감할 수 있겠으나, 집에서 거리가 멀어 매주 다니기에는 부담도 되고 유류비나 고속도로 통행료를 감안하면 장기적으로는 꽤 큰 비용이 누적 발생되는 단점이 있었습니다.

그렇게 돌고 돈 끝에 결국 거리상의 문제로 다시 강화도의 토지를 알아보게 되었습니다. 강화도는 인천 송도에서 1시간이면 들어갈 수 있기에 춘천, 화천, 태안에 비해 다소 토지 가격이 비싸더라도 장기적으로 길바닥에서 버리는 교통비나 시간을 감안한다면 훨씬 이익이라 생각했습니다.

그리고 강화도 토지답사를 다니다 보니 알게 된 사실인데, 당시의 강화도는 공인중개사 협회 등에서 가설건축물 규제 완화로 외지인의 강화도 유입을 늘려 강화도 내 부동산 거래 증가 및 주말 여가 소비를 진작시키자는 취지의 민원을 군청에 많이 넣어, 가설건축물에 대한 조례상의 규제를 많이 완화시킨 상태였습니다.

또한 강화도는 정식 포장된 도로에 접한 지역은 대부분 수도와 전기 연결이 가능했고, 가장 큰 제약사항인 정화조 문제도 허용 수질기준만 준수하면 설치 가능하도록 허가를 내어주고 있었습니다.

지난번에는 강화도에서 땅값이 비싼 남동쪽 지역에서 기본적인 토목공사가 완료된 대지나 임야를 위주로 답사했었는데, 이번에는 상대적으로 저렴한 강화도 서북쪽 지역의 농지 위주로 답사했습니다. 관심갖고 알아보다 보니, 농지에는 농막이라 불리는 가설건축물을 정식으로 승인받고 사용할 수 있다고 들었습니다. 그렇다면 구태여 값비싼 대지를 고집할 필요가 없는 것이었습니다.

우선 인터넷 검색을 통해 여러 매물을 보유하고 있는 공인중개사를 몇몇 알아봤고, 아래와 같이 제가 설정한 토지매수 기준을 미리 알려주어 기준에 부합되는 필지만 추려서 실제 토지 답사를 나가봤습니다.

〈토지매수 기준〉

- 위치: 바다 또는 저수지 조망이 되어야하며 추후 건축이 가능하도록 도로를 접한 필지여야 함
- 예산: 평당 80만 원 이하, 약 100평 내외(총 8천만 원 예산)
- 대출: 매수가의 50% 이상 대출 가능해야 함(잔금일 맞춰 대출실행)
- 지목: 농막 설치 가능한 지목(전, 답, 과수원)
- 용도지역: 관리지역(계획, 생산, 보존)

지금 당장이야 컨테이너를 하나 가져다 두고 세컨드하우스로 사용한다지만 살다보면 정말 여기에 정을 붙이고 아예 귀농을 하여 남은여생을 뿌리내리고 살 수도 있기에, 기본적으로는 농막 설치 가능한 농지이면서 향후 필요시 건축허가 가능하도록 폭 4m 이상의 도로를 접하는 등 법적으로 건축허가에 문제없는 토지를 알아봤습니다.

부연설명을 좀 더 드리자면 농막은 오직 지목이 전(밭), 답(논), 과수원인 농지이기만 하면 도로가 없는 맹지라도 설치가 허용되나, 건축허가는 화재진압을 위해 반드시 소방차 진입 가능하도록 일정 폭 이상의 도로에 접해 있어야만 건축이 허가됩니다.

이 외에도 토지를 매수하려면 토지이용계획 확인서를 검토할 줄 알아야 하고, 용도지역과 지역별 건폐율 및 용적율 등에 대해서도 기본상식으로 알아야 하는데, 이러한 세부적인 토지에 대한 내용은 이 책

에서 다루고자 하는 주요 내용이 아니므로 이 이상 깊게 설명하지는 않겠습니다.

시중에 토지 투자와 관련된 책들을 읽어보시면 쉽게 알 수 있을뿐더러, 제가 추천드리는 공인중개사를 끼고 토지를 매수하는 방법은 공인중개사가 계약서 작성하기에 앞서 반드시 확인 후 사전 안내하도록 되어 있기에, '농막을 놓으려 한다.'라든가 '건축을 하려 한다.'라는 등의 요구 조건만 확실히 알려주면 공인중개사가 이를 반영해 적절한 물건을 소개해 줄 것입니다.

만약 공인중개사를 못 믿겠으면 전화 통화할 때 녹취를 해두시거나 중요한 내용은 문자메시지로 주고받아두는 것도 추후 근거로 활용할 수 있는 좋은 방법이 되겠습니다.

토지를 답사하기에는 늦가을인 11~12월과 초봄인 3~4월이 가장 좋습니다. 여름에는 잡풀이 무성히 자라 제대로 된 땅의 형상을 보기가 어렵고, 겨울에는 눈이 쌓여있어 제대로 된 땅의 상태를 알아보기 힘들기 때문입니다. 이른바 토지의 화장기 없는 맨땅을 볼 수 있는 시기라는 것이지요.

〈마음에 쏙 드는 세컨드하우스 후보지를 발견〉

이런 측면에서 일부러 3~4월을 골라서 토지를 알아봤던 것인데, 몇 군데 답사다닌 결과 아주 마음에 드는 토지를 하나 발견했습니다. 동쪽으로는 혈구산의 멋진 풍광이 보이고 서쪽으로는 신선 저수지가 보이는 딱 제가 찾던 배산임수의 멋진 풍경이었습니다. 비용은 평당 65만 원이었으며 면적도 120평으로 적정했습니다.

120평 본 토지와 도로지분까지 포함하면 매매가가 8천만 원인데 당시 제 수중에는 2천만 원이 있었습니다. 토지가 매우 마음에 들었기에 대출을 알아봤는데, 토지담보대출은 약 50%인 4천만 원 정도 가능하다고 합니다. 그래도 2천만 원이 부족한데, 마침 당시에 정부 주도로 코로나19에 대한 재난지원금 형식의 소상공인 특별 초저금리 대출상품이 출시되어 있었습니다.

저는 프리랜서로서 여러 가지 일들을 병행하고 있는데, 그 중에 개인사업자로서 소상공인에도 해당되기에 운 좋게 1.5%의 초저금리로 대출 지원을 받을 수 있었습니다. 홀로 일하는 프리랜서인데 제가 직원 월급 줄 것도 아니고, 사무실도 자택의 서재를 이용하기에 월세 임대료가 나가는 것도 아니어서 그 초저금리의 자금을 토지 매수에 활용해 농업 분야에 투자하기로 했습니다.

계약금 입금 전 구두약속은 모두 무효

2020. 4. 24.(금) "아이들 학원 마친 후 가족 모두 함께 강화 신선저수지 인근 땅 재답사. 모두 다 마음에 들어 함. 조양방직 한번 들러 구경하고 귀가."

마음에 쏙 드는 땅을 찾았기에, 당일 현장에서 공인중개사와 협의하고 매도자와 연락하여 주말에 계약서 작성하기로 약속했습니다. 그리고 저는 군청 건축허가과에 전화하여 정말 이 토지가 추후 건축하는데 문제가 없는지 한 번 더 알아봤습니다. 물론 공인중개사가 잘 알아봤겠지만, 토지 매수 경험은 처음이다 보니 혹시 모를 노파심에 돌다리도 두드려 보고 건너고 싶었던 것입니다.

군청 건축과 공무원과 통화를 하여 지번을 알려주고 건축허가 가능 여부를 물어보니, 도로도 접해있고 보존관리지역으로 되어 있어 건폐율 20%, 용적율 400% 범위 내에서 건축이 가능하다고 답변 들었습니다. 다만, 현재 지목이 전(밭)이다보니 농지개발허가를 먼저 받아야 하는데, 이는 건축과에서 알 수 없으니 농정과에 직접 물어보라는 것입니다.

그래서 이번에는 농정과에 전화했습니다. 또 담당 공무원에게 지번을 불러주고 개발허가 가능 여부를 문의했더니 농업진흥구역이나 농업보전구역은 아니니 개발행위는 허가받고 진행하면 될 것이라고 합니다. 다만, 건축하려면 정화조를 설치해야 할 텐데 정화조 업무는 환경위생과 담당이니 그쪽에 직접 전화해서 물어보라는 것입니다.

짜증이 슬슬 밀려오지만 '을'의 입장이다 보니 꾹 참고 다시 환경위생과 담당 공무원에게 전화를 걸었습니다. 똑같이 지번주소를 불러주고 정화조 설치가 가능한지를 문의했습니다. 담당 공무원은 이것저것 뒤적거리더니 정화조 설치는 가능한데 저수지에서 50m 이내 거리이므로 반드시 고고도 정화조를 설치해야만 된다고 합니다.

그러면서 또 하는 말이 강화군은 워낙 문화유적지가 많은 지역이라 문화재 보호를 위해 개발행위를 거절할 수도 있으니 문화재 관리부서에 별도로 물어보라는 것이었습니다. 또 똑같은 절차로 문화재 담당하는 부서로 문의를 했고, 다행히도 그 지번은 문화재 보호구역으로 지정되어 있지 않아서 개발행위를 해도 상관없다고 답변을 들었습니다.

완전히 군청 부서끼리 이리저리 '핑퐁' 치는 모습이 꽤 불편했습니다. 이렇듯 무언가 확실히 알아봐야 할 때는 군청 공무원에게 문의하는 게 가장 정확하기는 하나, 절대 친절하게 잘 알려주지는 않습니다. 본인이 직접 관련 부서 여기저기에 손품 발품 팔면서 알아봐야만 원하는 정보를 얻을 수 있습니다.

또한, 흔치 않은 경우이나 간혹 담당 공무원이 실수하여 잘못 안내할 수도 있으므로 가급적 전화문의 할 때는 그 통화내용을 녹취해 두는 게 좋겠습니다. 최악의 경우에는 법적 책임이라도 물어 일부 보상이라도 받아내야 할 테니까요.

다음으로는 인천광역시 상수도 사업본부로 전화했습니다. 주소를 불러주고 해당 필지에 수도인입이 가능한지 물어보면 해당 지역 관할 부서로 연결해서 수도인입 가능 여부와 개략 예상비용 등을 안내해 줍니다. 물론 확실한 것은 현장답사를 해봐야 한다고 답변하지만, 우선 지적도상으로라도 확인해 달라고 거듭 부탁하면 권리상, 거리상 가능 여부는 알려줍니다.

상수도에 대한 내용은 뒤에 별도의 항목으로 자세히 설명하겠지만, 통상 기존 수도배관에서 100m 이내 거리는 98만 원에 인입 가능하고, 100m를 초과할 경우에는 신청자 비용부담이 증가하거나 수도인입이 불가할 수도 있습니다.

마지막으로 한국전력에 전기인입 가능 여부를 문의했습니다. 한전의 전기인입 역시 현장답사를 나와 봐야지 정확히 알 수 있지만 대충 주변을 둘러봐서 전기를 사용하는 건물이 있거나 전신주가 보이면 전기 연결 가능하다고 볼 수 있습니다.

그 비용은 개략적으로 인근의 기존 한전 전주에서 50m 이내에 있으면 약 60만 원 비용으로 전기인입 가능하고, 그 이상일 경우에는 지중으로 매설을 하거나 아니면 전주를 추가 설치해야 하니 신청자의 비용부담이 증가합니다.

또한 전주와 본인 토지 중간에 다른 명의의 토지가 끼어있을 경우, 중간 토지 소유자의 동의가 없으면 전기인입이 불가능합니다. 이것도 맹지가 아닌 도로를 접한 토지를 사야만 하는 이유 중 하나입니다.

이렇게 알아본 바로는 제 목적과 용도에 부합하기에 계약서 작성하기 전이지만 들뜬 마음에 바로 다음 날 가족들을 데리고 다시 그 땅을 찾았습니다. 마눌님와 아이들까지 모두 조용하고 경치도 좋다면서 좋아해 주었습니다.

떡 먹기 전에 김칫국부터 먼저 마신다고, 우리 가족은 신나서 땅 위에 막대기로 선을 그어가며, '여기는 농막 부지', '여기는 바비큐장', '여기는 텃밭' 이렇게 배치를 구상하며 즐거워하고 있었습니다.

한참을 땅 위에서 즐겁게 놀다가 귀가하는 길에 강화읍의 분위기 좋기로 유명한 카페를 들렀습니다. 그 카페는 일제 강점기 때부터 근대까지 운영하던 조양방직이라는 방직공장을 개조한 장소로 현재 강화도에서 가장 핫(Hot)한 관광명소 중 하나라고 합니다.

강화읍 일대는 과거 일제 강점기에 방직 등 섬유산업이 크게 발달했던 산업단지였습니다. 넘쳐나는 일자리로 젊은 사람들이 북적이며 활력이 넘치던 시절도 있었다던데 세월이 흘러 현재는 일부 극소수의 방직공장만이 카페나 창고 등으로 용도 개조되어 시설이 남아있는 것입니다.

강화도에는 삼국시대나 고려시대 등 오래된 유적지만 있는 줄 알았는데 이런 근대문화유산도 곳곳에 많이 있다는 것을 이날 처음 알았습니다. 아이들과 함께 둘러보면 근대 역사 교육에도 많은 도움이 될 것이라 생각하며 역시 세컨드하우스로 강화도를 선택하기를 잘했다고 스스로 만족해하며 기분 좋았습니다.

참고로 조양방직 카페는 볼거리도 많고 분위기도 좋은데 가격은 좀 비싼 편입니다. 당시 아메리카노 한잔에 7천 원이었는데 그냥 마음 편하게 근대 유물 전시장 관람료라고 생각하시면 좋을 듯합니다.

<강화읍 조양방직 카페>

이렇게 들뜬 하루를 보내고 약속한 계약 일자가 다가왔는데 공인중개사로부터 급히 연락이 왔습니다. 그 땅의 소유주가 마음을 바꿔 매도하지 않기로 했다는 것입니다. 자세한 사유까지는 알려주지 않았는데 아마도 누군가 저보다 먼저 가로채 간 것 같습니다.

역시 일상 업무에서도 그렇지만 부동산 거래 역시 말로만 한 약속들은 아무 짝에 소용이 없습니다. 문서로 남겨두어야지만 약속이 성립되는 것입니다. 이럴 줄 알았으면 돈 백만 원이라도 가계약금 명목으로 먼저 입금해두는 것이었는데, 공인중개사 말만 믿고 있었던 것이 후회되었습니다.

농막을 알아보다

　마음에 들었던 토지에 대한 계약이 파투난 후 다시 지루한 토지답사를 지속했습니다. 계약을 성사시키지 못한 공인중개사는 미안해하며 다른 토지도 보여주었고, 저 또한 다른 공인중개사를 통하여 여기저기 토지를 더 알아봤습니다.

　이미 농막으로 세컨드하우스를 설치하기로 마음을 먹었기에 토지를 알아봄과 동시에 농막에 대해서도 구체적으로 알아보기 시작했습니다. 많은 분이 잘못 알고 있는 것이 컨테이너와 같이 이동식으로 만들어진 모든 가건물을 농막이라고 알고 계시는 분도 많은데 이는 잘못된 정보입니다.

　농막이란, 농지법에 근거한 농지 시설의 하나로서 농작업에 직접 필요한 자재 및 기계 보관, 농산물 간이 처리, 농작업 중 일시 휴식 등을 위하여 농지에 설치하는 시설만을 말합니다. 법령에 따라 임야나 대지

등 다른 지목에는 설치가 불가능하고 오직 농지로 분류되는 전, 답, 과수원 지목에만 설치할 수 있으며, 그 면적은 20㎡(약 6평)를 초과할 수 없고 주거 목적으로는 사용할 수 없게 되어 있습니다.

농지법 시행규칙

[시행 2019. 11. 14.] [농림축산식품부령]

제3조의2(농막 등의 범위) 영 제2조제3항제2호라목 및 영 제29조제1항제7호에서 "농림축산식품부령으로 정하는 시설"이란 각각 다음 각 호의 시설을 말한다.

1. 농막: 농작업에 직접 필요한 농자재 및 농기계 보관, 수확 농산물 간이 처리 또는 농작업 중 일시 휴식을 위하여 설치하는 시설(연면적 20제곱미터 이하이고, 주거 목적이 아닌 경우로 한정한다)
2. 간이저온저장고: 연면적 33제곱미터 이하일 것
3. 간이액비저장조: 저장 용량이 200톤 이하일 것

[본조신설 2014.4.3]

그렇기에 농막을 설치해놓고 농사는 하지 않으면서 전원주택처럼 농지 위에 원목 데크를 깔고 잔디를 심는 등 조경을 꾸며놓고, 집처럼 일상 거주하는 것은 법령 취지에 어긋나는 것입니다. 하지만 저는 실제로 텃밭을 조성해 주말농장으로 사용할 목적이고 농사 중 주말에만 머무르는 목적이기에 문제없다고 생각하는 것입니다.

농막에 대한 법적 기준은 연면적이 20㎡ 이하라는 것만 명시되어 있어 많은 이견이 분분하며 공무원들끼리도 담당자마다 해석이 달라질 수 있지만, 그래도 전기, 수도, 가스의 사용은 법적으로 가능합니다.

2012년 이전까지는 명백히 법령상에 '전기, 수도, 가스에 설치를 요하지 아니할 것'이라고 명시되어 있었는데, 거주지가 먼 농민들이 농업 중 제대로 휴식을 취할 수 없다는 다수의 민원에 따라 이러한 조항들이 모두 삭제되었습니다.

즉, 농막에 전기, 수도, 가스 설치는 수도사업소나 한국전력 등의 해당 관리기관에 농막 설치 후 정식으로 신청하면, 너무 외진 곳에 있어 관로 인입 공사가 불가능한 경우를 제외하고는 적법하게 인입 신청하여 사용할 수 있다는 것입니다.

그런데 농막에서 주로 문제가 되는 부분은 농지법과 건축법 간에 간섭 부분입니다. 법을 관심 있게 읽어보신 분들은 잘 아시겠지만 모든 법이 상호 치밀하게 연계되어 작성되지는 않습니다. 특히 주무 부처가 다른 법령의 경우에는 상호 충돌되는 법령조항도 많이 있습니다.

농막도 그러한데, 일부에서는 농막은 농림축산식품부가 주관하는 농지법에 근거한 시설이라서 위 연면적 20㎡라는 기준만 준수한다면 건축법에 따른 지자체의 인허가도 필요 없이 설치 사용 가능하다는 해석도 있습니다. 하지만 국토교통부가 주관하는 건축법을 기준으로 본다면 아무리 농지법에 따른 농막이라 할지라도 반드시 가설건축물 축조 신고를 해서 승인을 받아야만 하고 건축법에 따라 최대 높이 4m 이하로 해야 하기에 1층 이상은 제한된다는 해석이 더 우세합니다.

이런 연유로 군청 등 지자체 담당 공무원의 해석에 따라 다르게 관리될 수 있는데, 통상 공무원 입장에서는 두 개의 기준이 서로 상이하다면 혹시 모를 책임을 회피하기 위해 더 까다로운 규제기준을 적용하기 마련입니다. 아마 제가 담당 공무원이었어도 그리 적용할 것 같습니다.

그렇기에 대부분의 지자체는 농막의 설치를 건축법을 적용하여 가설건축물 축조 신고를 하도록 하고 있으며, 정식 신고 승인되지 않은 농막은 불법건축물로 보고 과태료 부과 및 철거 원상복구 등의 행정명령을 내리는 것입니다. 이러한 가설건축물 축조 신고에 대해서도 뒤에 저의 사례를 바탕으로 상세히 설명하겠습니다.

그리고 정화조 설치에 대해서는 지자체의 권한이기에 해당 지자체마다 관련 조례를 다르게 정해 관리하고 있습니다. 예를 들자면 양평군 같은 경우 농막에 정화조 설치를 허가하지 않고 있다 하며, 강화군 같은 경우에는 수질 기준만 준수하면 정화조 설치를 허가하고 있는 것입니다.

정화조가 왜 중요하냐면 정화조가 설치되어야만 수세식 변기나 세면대, 주방 싱크대 등의 시설을 사용할 수 있기 때문입니다. 싱크대나 변기에서 배출되는 물은 생활하수인데, 이를 정화하지 않고 그냥 배출할 경우에는 하수도법 위반으로 처벌되기 때문입니다. 즉, 상수도가 콸콸 잘 나와도 하수도 처리시설이 없으면 배출시킬 수 없어 아무 쓸모가 없다는 것이지요.

정화조에 대한 자세한 이야기도 뒤에 별도로 설명해 드리겠으며, 저는 이미 강화군청 등에 문의하여 전기, 수도, 정화조 설치가 모두 가능하다는 답변을 들었으므로, 이제는 본격적으로 농막 제작설치 업체를 알아보기 시작했습니다.

가스까지 배관 연결되면 좋겠으나, 법적으로는 허용된다지만 아직은 이런 시골에는 가정마다 도시가스가 공급되지 않습니다. 필요하다면 LPG 가스용기를 이용해 가스설비를 이용할 수밖에 없습니다. 또한 요즘 조리기구의 대세는 가스레인지가 아니라 전기로 사용하는 인덕션 레인지여서 구태여 가스가 필요 없는 경우도 많습니다.

5월 1일, 근로자의 날에 시간을 내어 미리 손품 팔아 검색해둔 세 군데의 이동식주택 제작업체를 방문했습니다. 전시장을 모두 들러 제품을 확인했는데 쓸 만하고 좋아 보였지만 가격이 상당히 비쌌습니다. 소형 이동식 주택의 경우 외관도 세련되고 옵션으로 추가비용 지불하면 전체 면적의 반 정도를 복층으로 만들어 공간도 넓게 활용할 수 있었는데 가격이 좀 비쌉니다.

가격을 간략히 말씀드리자면 6평 단층 모델은 최소 천이백만 원 이상이고, 6평 복층 모델은 최소 천오백만 원 이상이며, 복층은 복층인데 다락 층 높이가 조금 더 높아서 거의 2층으로 볼 수 있는 모델은 이천육백만 원 정도에 시세가 형성되어 있습니다.

복층구조 허용에 대해서는 공무원의 해석에 따라 다른데, 건축법에 따르면 층수 구분이 불분명할 경우에는 4m를 한 층으로 보기에 대부분은 복층이라 할지라도 총 높이가 4m 이내이면 구태여 문제 삼지 않고 허가해준다고 합니다.

〈소형 이동식 주택 전시장 방문 - 복층형 농막〉

농막의 면적 기준은 6평인데, 지붕에 데크를 설치하여 옥상 개념으로 활용한다면 승강계단의 위치에 따라 위법 여부가 달라집니다. 농막 외부에 계단을 설치하여 옥상 데크로 통행하는 구조라면 이를 2층 구조로 볼 수 있어, 옥상층을 연면적에 포함해서 연면적 6평 초과로 지적될 수 있는데, 승강계단이 농막 내부에만 있다면 그냥 복층구조로 봐서 구태여 지적하지 않는다고 합니다.

물론, 여기에 대해서는 명확한 법적 기준이나 해석은 없고, 그저 제가 알아본 강화군청에서의 농막관리 기준이라 합니다. 즉 다른 지자체에서는 다른 기준을 적용하여 해석할 수 있다는 것이니, 가장 정확한 방법은 해당 지자체에서 농막설치 실적이 많은 현지 업체에 문의해보는 것입니다. 왜 공무원이 아닌 업체에 물어봐야 하냐면, 공무원에게 직접 물어보면 '농사짓는 데 복층 데크가 왜 필요하냐?'라는 등의 아주 원론적으로 답변만 주기 때문입니다.

〈소형 이동식 주택 전시장 방문 - 옥상 데크 활용한 2층 구조〉

이날의 농막 제조업체 방문은 단순히 사전조사 목적이었기에 이 자리에서 바로 구매 여부를 결정하지는 않았지만, 세컨드하우스를 구축하면서 법적으로 트집 잡힐 만한 위법행위는 일절 하지 않겠다는 생각

이 있었던지라, 별로 멋은 없어도 법령에 전혀 위배되지 않게끔 단순한 단층 컨테이너 구조로 농막을 만들기로 마음을 굳혔습니다.

세컨드하우스용 토지매수 가계약

2020. 5. 4.(월) "부동산 통화결과 신선저수지 땅은 확실히 물 건너갔다. 그래서 몇 군데 후보지 중 다른 저수지 전망 나오는 땅으로 매수하려 한다. 원래 평 단가를 65만 원 불렀었는데 다른 부동산에서는 평당 60만 원이란다. 새벽에 공부, 운동, 글쓰기 후 8시 반 출발. 가족과 함께 땅 다시 한번 둘러보고 싸게 부른 부동산 들러 계약하기로 최종 협의."

몇 군데 공인중개사를 더 찾아다닌 끝에 제가 원하던 또 다른 토지를 찾게 되었습니다. 그때 좀 웃긴 경험이 있었는데 하나의 땅을 두고서 세 군데 공인중개사에서 각각 다른 금액으로 브리핑하는 것이었습니다.

첫 번째 공인중개사는 평당 70만 원을 부르며 귀한 물건이니 당장 계약하지 않으면 놓칠 것이라며 과장되게 말을 했고, 두 번째 공인중개사는 본인 물건은 아니지만 공동중개할 수 있다며 평당 60만 원을 불렀습니다. 저는 이미 첫 번째 공인중개사와 함께 현지 방문하여 봤던 물건이지만 두 번째 공인중개사에서는 민망해 할까 봐 그냥 처음 보는 물건인 양 모른 척 가만히 있었습니다.

또 다른 세 번째 공인중개사도 여러 개 매물을 보여주는 중에 똑같이 그 토지를 보여주면서 평당 65만 원을 불렀습니다. 토지는 하나고 그 땅의 소유자도 한 명일진대 어찌 공인중개사에서는 각각 다른 금액을 브리핑하는 것일까요?

나중에 알게 되었는데, 통상 '인정작업'이라고 불리는 부동산 업계의 관행이 있다고 합니다. 소유주가 평당 매도 희망가를 정해주지만 공인중개사가 그 금액보다 더 비싸게 팔아치우면 인센티브 개념으로 중개수수료를 더 챙겨 받는다는 개념입니다. 아파트와 같은 주택이야 시세가 확연히 노출되어 있어 이런 인정작업이 불가하지만, 땅은 필지별 시세가 다 다르기 때문에 가능한 것입니다.

그래서 대부분의 공인중개사는 처음에는 좀 비싸게 불러보고 분위기 봐서 안 넘어갈 것 같으면 본인이 땅 주인과 친하니 잘 얘기해서 평단가를 조금 깎아 보겠다는 식으로도 협상에 활용하는 것이지요.

제 경우, 땅 주인에게 직접 매물 의뢰받은 첫 번째와 세 번째 공인중개사는 이런 방식으로 제게 인정작업을 한 것이고, 두 번째 공인중개사는 어차피 본인이 직접 의뢰받은 매물이 아니다 보니 인정작업을 해봤자 본인에게 떨어지는 수익이 없기에 그냥 있는 그대로의 금액을 부른 것 같습니다.

그 토지가 135평이었는데, 평당 5만 원 차이 나니 총 675만 원을 절감할 수 있었습니다. 675만 원이 뉘 집 개 이름도 아니고 어지간한 대기업 직장인 한 달 치 월급 이상인데, 여러 군데 알아보지 않았다면 이 그 돈을 그냥 덤터기 쓸 뻔했습니다.

그렇기에 토지 매수는 손품과 발품이 가장 중요한 것 같습니다. 공인중개사를 한명만 만나보지 말고 꼭 여러 군데 돌아다녀 봐야 이런 덤터기를 예방할 수 있습니다.

땅을 살 때는 절대 공인중개사의 말을 맹신하면 안 됩니다. 의사도 각각 전문분야가 있듯이 공인중개사도 나름의 전문분야가 있습니다.

주택만 주로 거래해 본 공인중개사는 정말 토지에 대해서는 개뿔도 모르는 경우가 허다하고, 반대로 토지만 취급해 본 중개사는 아파트에 대해서는 잘 모릅니다. 그러하기에 토지거래 경험이 많지 않은 공인중개사와 거래하게 되면 토지의 용도지역 및 건축허가 가능 여부 등에 대해서 제대로 알지도 못하면서 중개 수수료 몇 푼 받아먹겠다고 대충대충 둘러대어 설명하는 경우도 있습니다.

저 역시 평당 60만 원에 부른 공인중개사에게 땅에 대해 건축허가 가능 여부, 정화조 설치 가능 여부, 수도와 전기인입 가능 여부 등 이것저것 물어봤었는데 공인중개사가 토지 경험이 많지 않은지 자세히 답변하지 못하고 '아마 그럴 것이다.'라는 식으로 대충 둘러대는 것이었습니다.

금액은 저렴하여 계약하고 싶은데 공인중개사의 태도가 너무 미덥지 않아, 답변한 내용을 계약서에 특약사항으로 넣어달라고 요구했더니 그렇게는 못 하겠다고 합니다. 계약서는 공인중개사협회에서 정해진 양식대로만 작성해야 한다며 이런 특약을 넣을 수 없다고 둘러대는데, 그럼 답변한 내용에 대해서 책임을 지겠다는 별도의 확약서라도 한 장 작성해달라고 요구했더니 이 또한 책임질 수 없다며 거절을 합니다.

결국 이런 경우에는 매수자가 직접 해당 관청 등 여기저기 알아보고 결정내려야만 합니다. 그래서 저는 제가 직접 토지이용계획 및 등기부 등본, 토지대장 등을 검색해보고 강화군청에 전화 문의 및 이를 녹취해 둔 후에서야 비로소 계약하기로 했습니다.

제가 부동산 거래 전문가는 아니지만, 짧은 제 경험에 빗대어 토지 매수할 때 확인해야 할 기본적인 사항과 방법을 간단히 부연설명 해보겠습니다. 토지를 볼 때 가장 먼저 해야 할 것은 무엇보다도 토지이용계획입니다.

인터넷에서 '토지이용규제정보서비스(LURIS)' 사이트에 접속하여 지번 주소를 입력하면 아래 예시와 같이 해당 필지에 대한 이용계획 및 각종 규제 현황 등을 한눈에 확인할 수 있습니다.

〈토지이용계획확인〉

토지이용규제정보서비스에서는 지목, 면적, 공시지가, 지역지구, 제한 사항 등을 한눈에 볼 수 있으므로 본인이 토지를 사용하려는 용도에 적합한지 여부를 신속하게 확인할 수 있습니다.

위에 첨부한 제 토지를 예시로 토지이용계획을 해석하자면, 우선 현재 지목이 '답'이므로 농지가 맞으며, 농업진흥구역이나 보호구역 등 별도의 제한은 없기에 추후 필요하다면 언제든 매매 또는 건축이 가능해 보입니다.

또한 보전관리지역이다 보니 건폐율이 20%, 용적율이 400%까지 건축이 가능할 것입니다. 도로지분 12평을 제외한 본 필지의 면적은 123평(406㎡)이며 건폐율과 용적을 적용하면 최대 24평으로 4층 규모까지 건축 가능하겠습니다.

필지 북서쪽으로는 4m 폭 이상의 진입도로가 조성되어 있으니 맹지는 아니며 필지 남동쪽으로는 하천이 흐르고 있어 정화조 설치도 가능해 보입니다. 또한 강화도는 군사제한구역이 많은데, 토지이용계획상에 별도의 언급이 없으니 군사지역에는 해당사항 없어 보입니다.

이렇게 우선 서류 확인으로 용도에 적합하다고 판단되면 실제 현장을 나가봅니다. 현장에서는 지적경계말뚝 유무와 진출입로 상태, 전기 및 수도를 끌어올 수 있는지 여부, 토지의 편평도, 토양상태 등을 전반적으로 직접 확인해야 합니다.

이런 방식으로 여러 토지를 답사해본 후 매수하고 싶은 토지 후보가 압축되면 직접 군청에 전화를 걸어봅니다. 군청 건축과에 전화를 걸어 지번을 불러주고 건축허가 가능 여부를 물어보면 불친절하나마 답변은 해주며, 또한 환경위생과에는 정화조 설치 가능 여부를, 농정과에는 농지개량행위 허가 가능 여부를, 문화재과에는 문화재 관련 규제 여부까지 알아본다면 이제 토지에 대한 탐색은 끝났다고 볼 수 있겠습니다. 저는 이런 순서로 저의 세컨드하우스가 될 토지를 확인한 후 최종 계약하기로 했습니다.

〈매수하기로 최종 확정한 토지의 전경 - 저수지가 보이는 풍경〉

이번에는 매도자가 계약 전에 말 바꾸는 것을 방지하기 위해 공인중개사를 통하여 매도자의 계좌번호를 알아낸 후 가계약금으로 우선 1백만 원을 입금했고 3일 후 본계약 체결하기로 약속하였습니다.

공인중개사 사무실에서 가계약까지 조치한 후 가족들과 함께 다시 그 토지를 찾아 한참 동안 땅을 둘러보며 우리 가족의 첫 세컨드하우스를 어떻게 꾸밀지 즐거운 상상을 했습니다. 그리고 가족 모두 강화도에 나온 김에 인근에 있는 교동도에 놀러가 관광명소인 교동도 대룡시장을 구경한 후 귀가하였습니다.

귀갓길에 살펴보니 강화도 여기저기에 '어서오시겨' 라는 인사글이 있어 주변에 확인해보니, 말 끝에 '~겨'로 끝내는 것이 강화도의 전통 사투리라는 것입니다. 예를 들자면 '식사는 하셨습겨?', '술 한잔 드셨습겨?' 이런 식으로 표현한다고 합니다.

그런데 원어민(?)의 발음을 들어보면 '~겨' 발음이 아니라 좀 더 억세게 발음되어 '~꺄' 발음에 더 가까운 것 같습니다. 즉 원어민 발음으로는 '식사는 하셨-새꺄?', '술 한잔 드셨-새꺄' 뭐, 이렇게 들리는 것입니다.

강화도 사투리로 말할 때는 참으로 발음과 단어 선택을 신중히 잘해야 할 것 같습니다. 이런 강화도 사투리가 너무 재미있어서, 한동안은 주변 지인들과 대화할 때 강화도 사투리 가르쳐주겠다며 말 끝마디에 항상 "-꺄"를 붙이며 재미있어 했던 기억이 납니다.

〈정겨운 강화도 사투리 - 어서오시겨〉

지적경계 복원 측량

> 2020. 5. 5.(화) "현장에 남아있는 지적말뚝을 실측하여 지적경계 확인. 줄자 챙겨가서 현황측량, 지적도에는 하천으로 되어있는 국유지 약 20평 정도가 내 땅과 한 덩이로 붙어있어 땅을 더 넓게 쓸 수 있음을 확인. 아싸!"

토지 가계약한 다음날도 어차피 코로나19에 따른 사회적 거리두기로 외부 업무 일정이 없었습니다. 제가 집필한 이전 책을 읽어보신 분들은 아시겠지만 저는 업무 일정이 있으면 고소득 프리랜서이지만, 업무 일정 없으면 그냥 백수와 다를 바 없습니다.

이처럼 사회적 거리 두기가 강조되는 시기에는 저처럼 프리랜서들은 업무 일정 없이 노는 날이 많았습니다. 어차피 노는 거 강화도 토지에 가서 향후 세컨드하우스를 어떻게 꾸밀지 연구해보고자 생각했습니다. 그래서 줄자와 토지 지적도를 챙겨 들고 강화도로 향했습니다.

지난번 답사 시 진입도로와 접한 부분에 토지 경계말뚝 2개가 현장에 잘 보존되어 남아있는 것을 확인했었기에 그 경계말뚝 2개를 기준으로 나머지 지적경계를 줄자로 실측하여 확인했습니다. 또한 주변의 지형과 하천의 위치 등을 줄자를 이용한 지거측량 기법으로 현황측량 해봤습니다.

저는 지적기사와 측량및지형공간정보기사 자격증을 보유하고 있어 측량에 대한 기본 지식이 있었으며, 토목측량 회사에서도 삼 년 정도 근무한 경험이 있기에 줄자 하나만 있어도 이런 기본적인 측량이 가능합니다.

〈토지의 지적경계 및 주변 실측현황도〉

위 도면을 보시면 제 토지상단에 공유도로가 보이는데, 한 개의 큰 필지였던 천여 평의 토지를 매매하기 편하게 백여 평의 작은 토지 8개 필지로 분할하면서 맹지가 생기지 않게끔 가운데에 위 평면도처럼 공유도로를 만들어 둔 것입니다.

그 도로용지는 쪼개어진 각각 필지의 면적대로 지분을 쪼개어, 각각의 필지 매수자가 그 필지에 해당하는 비율만큼 공유도로의 지분을 같이 매수하는 것이 일반적인 토지거래의 관례입니다.

매도자 입장에서는 각 필지는 팔아버리고 도로용지만 소유하고 있어봐야 아무 활용가치가 없기에 이렇게 지분으로 쪼개서라도 팔아 치워야만 하는 것이고, 매수자 입장에서도 도로에 본인 지분이 없으면 기껏 토지를 매수해도 진출입 도로를 이용할 권리가 없기에 자칫하면 사실상 맹지가 되어버릴 수 있기 때문입니다.

위와 같이 큰 토지를 분할한 필지 중 이미 외측기존도로에 맞닿은 필지도 분명 있을 텐데, 이렇게 기존도로에 이미 맞닿은 필지를 매수하는 경우에도 필지의 소유면적만큼 비율 계산하여 공유도로의 지분을 같이 매수해야만 합니다.

이는 토지거래의 오래된 관행이기에 본인이 매수하려는 토지는 정식 도로에 맞닿아있어 진출입 도로의 지분을 매수하지 않겠다고 한다면 매도자 입장에서는 구태여 그 사람에게 그 토지를 팔지 않을 것입니다.

저의 경우에도 총 100평 규모인 진출입 도로를 그 도로에 접한 8개 필지로 균등 분할해 각 필지당 12.5평씩 지분을 분할하여 본 필지와 함께 매수하였습니다.

그리고 현황측량 결과 아주 기분 좋은 사실을 새로이 알게 되었습니다. 줄자를 이용해 제가 매수한 토지의 지적경계를 실측한 결과, 위 실측현황도에 나타낸 것과 같이, 지적도에는 하천으로 되어 있는 필지 중 일부(약 24평)가 아래의 사진과 같이 하천이 아닌 제 토지에 연접하여 현황 밭으로 활용되고 있었던 것이었습니다.

주변의 지형을 바탕으로 추정컨대, 당초에는 자연하천의 형태였으나 답(논) 상태의 토지를 성토하여 전(밭)으로 개량하는 과정 중에 석축식

옹벽을 시공한 것이고, 그러다 보니 이렇게 당초에는 하천이었지만 석축이 쌓이면서 그냥 제 토지에 연접하게 된 24평의 공짜 텃밭 부지가 형성된 것 같습니다.

〈지적도상 하천으로 되어 있으나 텃밭으로 사용되는 국유지〉

하천에 석축식
옹벽조성하여
텃밭으로 활용

지적도상 하천이나, 실제 텃밭활용되는 부분

자체적으로 현황측량한 성과를 Auto CAD 프로그램을 이용해 평면도로 그린 후 면적을 측정해 보니, 원래는 국유지 하천이나 석축 옹벽으로 인해 제 땅에 연접하여 현황 텃밭으로 활용되고 있는 토지가 24평이었습니다. 운 좋게도 24평의 토지를 거저먹은 것이라 볼 수 있겠으며 뜻밖에 행운에 감사할 따름입니다.

물론 제가 그 토지를 정식 소유한 게 아니니 그 땅 위에 건물을 짓는 등의 개발행위는 할 수 없지만, 국가에서 그 땅을 직접 경작할 것도 아니니, 별도의 개발계획이 없는 한 텃밭 경작 또는 언제든 치워줄 수 있는 가설물 야적 등은 아무 문제없습니다.

이번에는 지적측량에 대해서 설명해 드리겠습니다. 저는 실업계 공고 토목과 졸업 후 약 삼 년 정도를 토목측량회사에서 일하면서 한때는 LX공사(現 한국국토정보공사, 前 대한지적공사)에 입사하는 게 인생의 목표였던 적도 있었습니다.

이를 준비하고자 지적기사 자격은 물론 측량및지형공간정보기사 자격까지도 취득해 두었는데, 사람 인생이 항상 생각대로 되지 않는 것 같습니다. 군 전역 이후 어쩌다 보니 대기업 시공사에 토목시공직군 현장채용 계약직으로 근무하게 되었고, 이게 계기가 되어 그 후부터는 토목시공 분야로 진로를 완전히 변경하게 되었습니다. 하지만 자격 취득을 위해 공부했던 이론 지식과 근 삼 년간의 현장실무 경험은 제 온몸 구석구석에 아직 남아있지요.

지적측량은 지적경계 복원 측량, 지적분할 측량, 지적현황 측량 등으로 크게 구분되는데, 앞서 말씀드렸던 제가 줄자로 직접 수행한 측량은 2개 이상의 살아있는 지적경계점을 활용해 나머지 망실된 지적경계점을 다시 찾아내어 복원하는 지적경계 복원 측량이라 할 수 있겠습니다.

저의 경우에는 제가 지적측량에 대한 지식과 경험이 있고, 또한 제 필지에 경계말뚝이 2개나 남아있었기에 이렇게 혼자서 줄자만 가지고도 지적경계 복원 측량을 할 수 있었던 것이지, 만약 남아있는 경계말뚝이 없었다면 저 역시도 지적경계 복원 측량을 LX공사에 의뢰할 수밖에 없었을 것입니다.

이 경우 측량수수료는 지목 종류와 공시지가 등을 고려해 필지마다 다르게 산정되므로 얼마라고 콕 집어 말씀드릴 수는 없겠으나, 제 토지와 같이 약 100~200평 규모라면 50만 원에서 100만 원 정도 발생될 것입니다.

저처럼 측량에 대해 좀 아시거나, 또는 주변 전문가의 도움을 받을 수 있다면 구태여 돈 들이지 않고 직접 지적경계를 측량하셔도 되지만, LX공사에 의뢰하여 측량한 것이 아닌 것은 공식 인정되지 않습니다.

즉, 제가 아무리 정확히 측량을 잘 했어도 LX공사 직원이 다른 위치에 경계말뚝 측량하면 제 주장은 전혀 인정받지 못한다는 것입니다. 물론, 지적공사 직원이 실수를 하여 수 미터가 넘는 큰 오차를 내었다면 당연히 민원 및 항의를 통해 다시 측량확인받을 수 있겠지만, 10~20㎝ 정도의 오차는 그냥 무시되고 오직 LX공사의 측량성과만이 공식 지적경계로 인정된다는 것입니다.

그러므로 인접토지 이해관계자와의 다툼이나 법적소송, 인허가 행정처리 등 공인이 필요할 경우에는 정식으로 LX공사에 지적측량을 의뢰하여 이해관계자 입회하에 지적측량을 수행함이 합리적이겠습니다.

〈LX공사의 지적측량 전경 / 제가 직접 줄자로 실측한 사례〉

경험이 없는 독자분의 지적경계 복원 측량 진행흐름에 대한 이해를 돕기 위해, 이 책의 배경이 되는 토지가 아닌, 같은 강화도 내 다른 제 소유의 토지를 LX공사에 지적경계 복원 측량 의뢰하여 수행했던 실 사례를 구체적으로 부연설명 드리겠습니다.

지적경계 복원 측량의 접수는 LX공사 대표번호로 전화하면 됩니다. 상담원에게 지번주소를 알려주며 지적경계 복원 측량을 원한다고 말하면 상담원이 지목과 면적, 공시지가 등을 고려하여 측량 수수료와 입금계좌를 알려주고 상담등록되었다는 안내 문자를 보내줍니다.

〈지적경계 복원 측량 신청 시 안내 문자〉

[Web발신]
[LX한국국토정보공사]
인천광역시 강화군 화도면 장화리 ▓▓▓▓번지에 대한
경계복원측량 상담이 등록되었습니다.
강화지사 강화군 접수창구 연락처는 032-930-3305 입니다.
측량수수료 결제 확인 후 접수창구에서 일정 안내드릴
예정입니다.

안내사항
1. 현지 측량 시, 토지 소유자 또는 대리인이 입회하여야 하며,
인접 토지 소유자 및 이해관계인이 입회 하도록 권장합니다.

2. 경계점표지 설치 및 관리는 소유권의 행사로, 입회인이
직접 설치하여야 하며, 경계점 표지는 공사에서 무료로
제공합니다.

3. 의뢰인의 요청 또는 일기불순 등의 부득이한 사정으로 약속
일자에 측량이 불가능할 경우 이미 접수 예약된 측량일정의
마지막 일자로 연기 됩니다.

4. 지적측량 신청 후 의뢰인이 취소하거나, 공사의 사정에
의하여 측량결과를 제시할 수 없는 경우 반환규정에 의해
측량수수료를 반환합니다.

5. 동일 의뢰인이 동일한 토지에 대하여 경계복원, 등록전환,
분할, 지적현황측량 후 12개월 이내에 재의뢰하는 경우 당해
연도 수수료 감면 적용 됩니다.
단, 토지이동(등록전환, 분할, 합병 등)으로 기 처리한 필지의
형태가 변경된 경우 감면 불가하며,
등록전환, 분할, 지적현황 재의뢰 감면은 공부정리 전 분할선
또는 현황선을 현장에 재표시하고자 하는 경우에 한합니다.
＊ 3개월 이내 : 90% 감면 / 6개월 이내 : 70% 감면 / 12개월
이내 : 50% 감면

안내받은 측량 수수료를 입금하면 잠시 후 해당 주소지 관할 지사에
서 아래와 같이 측량 예정일 안내 문자를 보내줍니다. 해당 일정에 입
회 가능하면 가만히 있으면 될 것이고, 일정 조정이 필요하다면 해당지
사로 전화하여 요청하면 조정됩니다.

〈측량 예정일 안내 문자〉

[Web발신]
[LX한국국토정보공사]
화도면 장화리 ▨▨▨▨▨ 측량(경계복원)이
접수되었습니다.
측량 예정일은 01월 25일이며,
측량시간은 측량 1~2일 전에 문자로
전송합니다.

측량 수수료는 앞서 설명해 드린 것처럼 경우마다 다른데, 경험사례에서는 지목이 전, 계획관리지역, 405평, 공시지가 125,700원/㎡의 조건에서 약 120만 원이 발생했습니다.

지적경계 복원 측량은 통상 3인 1조로 나오는데, 잡풀이 무성한 산과 논, 밭 등에서는 아무래도 측량의 정밀도가 떨어질 수밖에 없습니다. 이런 수풀 지역에서 측량을 자주 하다 보니 LX공사의 직원들도 정밀도에 대해서는 상당히 안이하게 생각하고 대충하는 경우가 많습니다.

기본적으로 50~100㎜ 정도의 오차는 아무것도 아니라는 듯 아주 당연하게 무시하며 심할 경우에는 일부 지적경계 말뚝을 빼먹고 지나가 토지의 지적경계 모양이 이상하게 표시되는 경우도 종종 있습니다.

딱 제 사례가 그러한데, 그나마 저는 지적에 대해서 지식이 있고 또한 측량 실무경험이 많으니 제가 알아채고 현지에서 바로 재측량 요구하여 보정했던 것인데, 아마도 전문지식이 없으신 분들은 일부 무책임한 LX공사 직원들의 안이한 태도로 큰 재산상의 피해를 볼 수도 있습니다.

〈지적경계 복원 측량 시 LX공사에서 경계점을 누락했던 사례〉

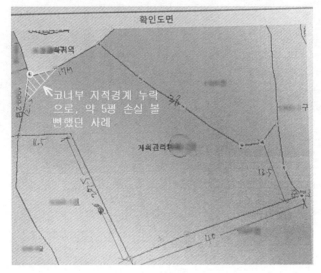

하마터면 눈 뜨고 코 베인다고, 위 사례와 같이 소중한 제 땅 5평을 눈앞에서 날릴 뻔했었습니다. 이 토지가 평당 70만 원짜리인데 5평이면 350만 원이 순식간에 날아갔다가 돌아온 셈이지요.

그러므로 지적경계 복원 측량 시 LX공사를 전적으로 신뢰하고 있으면 절대 안 되고, 반드시 입회하여 지적도의 형상과 맞게 측량하고 있는지 꼼꼼히 확인해야 할 것입니다.

〈지적경계 복원 측량 수행 사례〉

　지적경계 복원 측량이 완료되면 며칠 후 이메일로 '지적측량결과부'라는 성과보고서를 보내줍니다. 총 6장으로 구성되어 있는데 경계복원 측량 성과도와 참고도에는 금회 복원하여 경계말뚝 설치한 위치를 평면도 상에 표시한 것이며, 이 외에는 경계말뚝 설치해 놓은 측량결과 사진첩과 해당 토지의 공시현황 및 지적측량 수행자 명단이 첨부되어 있습니다.

　어차피 지적측량은 대부분 측량방법부터 정밀하지 않게 측량되었기에 최소 50㎜ 이상 오차가 있는 상태라, 이 경계말뚝을 다른 측량의 기준점으로 활용할 수 없습니다만 이 성과보고서라도 가지고 있어야 추후 지적경계로 인한 마찰이 발생하였을 때, 당시 LX공사에서 직접 측량했었다는 공증으로 활용할 수 있을 것입니다.

〈지적경계 복원 측량 성과보고서 사례〉

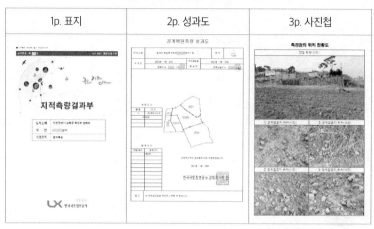

1p. 표지	2p. 성과도	3p. 사진첩

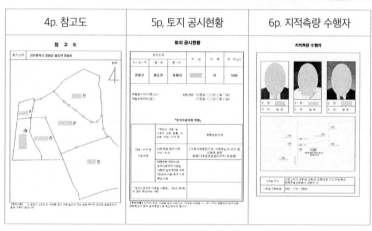

4p. 참고도	5p, 토지 공시현황	6p. 지적측량 수행자

드디어 본계약

2020. 5. 7.(목) "새벽 3:20 기상. 공부. 운동. 글쓰기. 8시반 출발. 강화도. 부동산에서 계약서 작성. 송해면 농협가서 대출 자서. 강화도에서 유명한 백년횟집에서 얼음그릇 물회 먹고 귀가."

    토지 매수 계약서를 작성하기로 약속한 날이 되었습니다. 본계약은 서로 신분 확인 및 토지의 등기권리상 하자 여부 확인 후 계약서 작성하고 계약금만 건네면 되는 것이기에 복잡한 절차가 필요 없습니다. 그래서 특별한 준비 없이 신분증과 도장, 스마트뱅킹용 OTP만 들고 가벼운 마음으로 공인중개사 사무실에 시간 맞춰 갔습니다.

    계약서를 작성할 때 이런저런 모든 상황을 가정하여 특약사항에 '추후 건축허가 불가 시 본 계약은 무효로 한다.' 등의 내용까지 꼼꼼히 기재하면 좋으련만, 매도인과 공인중개사는 최대한 책임을 회피하고자 관례적인 사항 외에는 계약서에 추가로 특약 넣는 것을 거부했습니다.

    하지만 매수자 입장에서는 안전한 보험과 같이 여러 요구사항을 계약서에 명기하도록 노력해야겠지요. 몇 가지 더 예를 들자면 다음과 같은 항목이 있겠습니다.

〈매수자 입장에서 계약서에 특약 명시 요구할 만한 사항〉

1) 지중에 불법 폐기물 등 매립되어 있을 경우 매도자 책임으로 처리한다.
2) 해당 토지의 토지이용계획 및 규제에 대해서 계약 당시 기준으로 건축허가 가능함을
   확약하며, 만약 계약 당시 건축허가 불가한 상황이었을 경우에 본 계약은 무효이다.
3) 매도자는 해당 필지에 매수자가 전기와 수도를 인입할 수 있도록 공유도로에 대한 지
   분권자들의 토지사용 승낙서를 잔금일까지 제출한다.

저는 이런 내용을 넣어 달라고 요구했지만 매도인과 공인중개사는 추후 문제가 될 만한 것들을 문서로 남겨서 발목 잡히는 것을 꺼렸기에, 짧은 밀고 당기기 협상 끝에 위 '1)~2)' 항목은 "관례에 따른다"라는 특약조항으로 갈음하기로 하고, '3)' 항목은 매도자 입장에서도 별 부담이 없었기에 특약조건에 명기하기로 합의하였습니다.

협상의 주도권은 누가 더 거래 성립을 간절히 원하느냐에 따라 결정된다고 생각합니다. 만약 저보다 매도자가 계약 성사를 더 간절히 원하는 상황이었다면 저는 위 요구사항이 관철되지 않으면 계약하지 않겠다고 우겨볼 수도 있겠지요.

하지만, 계약 당시 제 상황은 마음에 쏙 드는 토지를 한 번 놓쳤었고, 지금 거래하는 가격이 주변 시세에 비해 매우 저렴하다는 것도 잘 알고 있었기에, 제 의견만을 계속 주장하기는 어려운 상황이었습니다. 그래서 적정한 선에서 매도자와 합의를 한 것이지요.

〈토지 매매 계약서 작성〉

부동산(토지) 매매 계약서

매도인과 매수인 쌍방은 아래 표시 부동산에 관하여 다음 계약 내용과 같이 매매계약을 체결한다.

1. 부동산의 표시

소 재 지	인천광역시 강화군 내가면 ▓▓리 -7, ▓▓-9(지분)					
토 지	지 목	답		면 적	447.37 ㎡	거래지분

2. 계약내용

제1조 [목적] 위 부동산의 매매에 대하여 매도인과 매수인은 합의에 의하여 매매대금을 아래와 같이 지불하기로 한다.

매매대금	금 팔천일백만원정	(₩81,000,000)	
계 약 금	금 팔백만원정	은 계약시에 지불하고 영수함 ※영수자	(인)
잔 금	금 칠천삼백만원정	은 2020년 05월 15일에 지불한다	

제2조 [소유권 이전등] 매도인은 매매대금의 잔금 수령과 동시에 매수인에게 소유권 이전등기에 필요한 모든 서류를 교부하고 등기절 차에 협력 하여야 하며, 위 부동산의 인도일은 _____ 2020년 05월 15일 _____ 로 한다.

제3조 [제한물권 등의 소멸] 매도인은 위 부동산에 설정된 저당권, 지상권, 임차권등 소유권의 행사를 제한하는 사유가 있거나 제세공 과금 기타 부담금의 미납 등이 있을 때에는 잔금 수수일까지 그 권리의 하자 및 부담 등을 제거하여 완전한 소유권을 매수인에게 이전한다. 다만, 승계하기로 합의하는 권리 및 금액은 그러하지 아니하다.

제4조 [지방세 등] 위 부동산에 관하여 발생한 수익의 귀속과 제세공과금 등의 부담은 위 부동산의 인도일을 기준으로 하되, 지방세의 납부의무 및 납부책임은 지방세법의 규정에 의한다.

제5조 [계약의 해제] 매수인이 매도인에게 중도금(중도금이 없을때에는 잔금)을 지불하기전 까지 매도인은 계약금의 배액을 상환하고 매수인은 계약금을 포기하고 본 계약을 해제할 수 있다.

제6조 [채무불이행과 손해배상의 예정] 매도인 또는 매수인은 본 계약상의 내용에 대하여 불이행이 있을 경우, 그 상대방은 불이행한 자에 대하여 서면으로 최고하고 계약을 해제할 수 있다. 그리고 계약 당사자는 계약해제에 따른 손해배상을 각각 상대방에게 청 구할 수 있다. 손해배상에 대하여 별도의 약정이 없는 한 계약금을 손해배상의 기준으로 본다.

제7조 [중개보수] 개업공인중개사는 매도인 또는 매수인의 본 계약 불이행에 대하여 책임을 지지 않는다. 또한 중개보수는 본 계약 체 결과 동시에 계약 당사자 쌍방이 각각 지불하며, 개업공인중개사의 고의나 과실없이 본 계약이 무효, 취소 또는 해제 되어도 중 개보수는 지급한다. 공동중개인 경우에 매도인과 매수인은 자신이 중개 의뢰한 개업공인중개사에게 각각 중개보수를 지급한다.

제8조 [중개보수 외] 매도인 또는 매수인이 본 계약 이외의 업무를 의뢰한 경우, 이에 관한 보수는 중개보수와는 별도로 지급하며 그 금액은 합의에 의한다.

제9조 [중개대상물확인설명서교부등] 개업공인중개사는 중개대상물확인설명서를 작성하고 업무보증관계증서 (공제증서 등) 사본을 첨부하여 거래당사자 쌍방에게 교부한다. (교부일자 : 2020년 05월 07일)

[특약사항]

1. 현 시설 상태에서의 매매 계약이며, 등기사항 증명서를 확인하고, 계약을 체결함.
2. 본 계약은 ▓▓리 -7(답)번지의 406㎡ 와 ▓▓리 ▓▓-9(답)번지의 지분41.37㎡ 등 총447.37㎡ 에 대한 매매계약임.
3. 본건은 공부(대장)상의 면적을 기준으로 한 매매이며 향후 실측면적과 차이가 있더라도 매수 및 매도인은 일체의 이의를 제기하지 않기로 한다.
4. 매매대금에는 본건 부동산위에 존재하는 수목 등 일체를 포함한다.
5. 매도인은 잔금지급시까지 본 토지(▓▓-7번지)의 상수도 개설을 위한 도로(▓▓-9번지) 지분권자들의 토지사용승낙서를 첨부하여주기로 한다.
6. 잔금 시까지의 각종 공과금은 매도자 부담으로 한다.
7. 본 특약사항에 기재되지 않은 사항은 민법상 계약에 관한 규정과 부동산매매 일반 관례에 따른다.

본 계약을 증명하기 위하여 계약 당사자가 이의 없음을 확인하고 각각 서명·날인한다.   2020년 05월 07일

다음으로 토지담보대출에 대한 저의 경험을 말씀드리겠습니다. 아파트의 경우에는 시세도 쉽게 알 수 있고 환금성도 좋기에 아무 금융기관에서나 쉽게 담보대출을 받을 수 있습니다. 대출 가능한 비율은 LTV(Loan to Value Ratio) 기준에 따라 시기마다 다르겠지만 통상 시세의 60~70% 정도는 대출이 가능할 것입니다.

하지만 토지의 경우 정확한 시세 감정도 어렵고, 또한 다시 되파는 환금성이 좋지 않기에 담보대출을 취급하는 금융기관도 한정적입니다.

대출 가능한 비율도 지목이나 용도지역 등에 따라 천차만별 차이나다 보니 아파트 대출과 같이 평균적인 사항으로 말씀드리기는 어려움이 있습니다. 그래서 그저 참고하실 수 있도록 저의 실 경험사례만 정리하여 설명해 드리겠습니다.

공인중개사는 대출에 대해서도 같이 연계시켜줘야지만 계약이 성사될 가능성이 높기에, 계약하기 전에 공인중개사에게 대출 가능한 금융기관과 대출 가능금액, 그리고 금리를 물어보면 잘 알아봐 줍니다.

다만 아파트의 경우에는 시세가 빤히 보이니 즉시 알아볼 수 있지만, 토지는 시세가 정확하지 않으니 흔히들 '탁감'이라 줄여 부르는 탁상감정(감정평가사가 현장답사 없이 서류상으로만 대략 시세를 감정하는 것)을 해본 후 1~2일 후에 결과를 알려줍니다.

저의 경우에는 강화도 산림조합과 강화농협에서 탁상감정 진행하여 둘 다 4,200만 원까지 대출 가능하다고 답변을 받았습니다. 저는 레버리지 활용을 극대화하기 위해 대출을 가능한 한 최대로 받았으므로 총 매수금액 8,100만 원 중 52%에 해당하는 금액을 담보대출로 마련했습니다.

말씀드린 바와 같이 제1금융권에서는 구태여 이런 시골 농지에 대한 대출까지는 잘 취급하지 않습니다. 그러므로 지역 농협이나 산림조합 등을 이용할 수밖에 없으며, 이 기관들은 제1금융권이 아니다 보니 금리가 약간 더 높게 적용됩니다.

하지만 금리가 높다고 해봐야 요즘은 워낙 저금리 시대이기 때문에 얼마 되지가 않습니다. 저의 경우에는 이 글을 쓰고 있는 현재(2021년 2

월) 기준으로 토지담보대출이 3.3% 금리를 적용받고 있습니다. 그래서 계산해보면 12만 원 정도를 매월 대출이자로 내고 있습니다.

솔직히 요즘 어지간한 펜션이든 리조트든 4인 가족이 하루 숙박하려면 최소 10만 원 이상 소요되는데, 월 12만 원 이자로 대출받아 세컨드하우스를 만들어 놓으면 한 달 내내 언제든지 가족 및 지인들과 함께 놀러 갈 수 있으니 결코 비싼 금액이 아니라고 생각합니다.

계약서 작성 후 잔금일은 통상 대출이 실행되는 날로 정하여 금융기관에서 선임한 법무사 주도하에 대출실행 및 등기이전을 진행하므로, 계약서에는 넉넉하게 시간 여유를 길게 주어 잔금일로 정해놓은 후 대출 실행 일정에 따라 앞당길 수 있도록 매도자와 협의하면 됩니다.

그래서 저는 계약서상 잔금일은 넉넉히 여유 있게 정해두었고, 계약서 작성완료 후 공인중개사에게 소개받은 금융기관 중 그나마 금리가 저렴한 지역 농협으로 방문해 대출서류를 자서(대출 신청서류를 확인하고 서명하는 등의 업무)하며 대출 실행 가능일정을 확인했습니다. 대출 담당자는 넉넉잡아 1주일 이후면 언제든지 대출실행 가능하다고 답변 주었습니다.

1주일 이후 대출실행 가능하다고 해서 무조건 그 날짜에 대출을 받아야만 되는 것은 아닙니다. 가장 빠른 대출실행 가능일이 그 날부터라는 것이니 그 날 이후로 본인이 원하는 날에 대출실행 및 잔금 치르도록 일정 조율하시면 되겠습니다.

참고로 아파트 담보대출을 받아보신 분들은 잘 아시겠지만, 도시지역에서는 대출 자서를 계약하는 날에 공인중개사 사무실로 은행의 대출상담사들이 찾아와서 받아가지만, 시골에서의 토지담보대출은 대출

받으려는 사람이 직접 해당 금융기관에 찾아가서 작성하는 것이 일반적입니다. 즉, 갑과 을의 입장이 뒤바뀐 것이지요.

〈부동산 계약완료 후 토지에 재방문하여 토지주로서 기쁨을 만끽 중〉

계약 단계에서 알아야 할 사항 중, 끝으로 농지취득 자격증명에 대해 설명해 드리겠습니다. 줄여서 '농취증'이라고 부르는데, 본래 농지는 농사를 짓는 용도 외에는 사용할 수 없으므로 국가로부터 인정받은 농민 외에는 매수할 수 없습니다. 하지만, 약 300평(1천㎡) 이내의 농지는 도시인이라도 주말 영농체험 용도로 매수할 수 있으며, 또한 300평 이상이라 하더라도 정말 농사를 짓겠다는 의지가 반영된 영농 계획서를 제출하면 매수할 수 있습니다.

그래서 이러한 내용을 관공서로부터 증명받는 것이 농취증인데, 이는 소재지 관할 면사무소에서 발급받게 되어 있습니다. 그러므로 지목이 농지인 전, 답, 과수원에 해당할 경우 반드시 농취증을 면사무소로

부터 발급받아야 농지에 대한 등기이전이 가능합니다.

요즘은 인터넷이 발달하여 농취증 역시도 인터넷으로 신청하면 무료로 2~3일 내 발급받을 수 있는데, 매수자가 직접 농취증을 발급받기 번거로울 경우 그냥 등기이전을 맡길 법무사에게 수고비를 좀 더 주고 같이 처리해 달라고 요청하면 됩니다.

통상 법무사에서는 매수자가 잘 모르는 것으로 보이면 농취증 발급 대행해주는 데 20~30만 원 더 달라고 덤터기 씌워 청구하기도 하는데, 이 경우 법무사에서 기분 상하지 않게끔 "요즘 인터넷 무료발급이 가능한 시대인데, 심부름 값 정도로 10만 원에 좀 해주세요."라고 하면 대부분 법무사에서는 더 우기지 않고 그냥 알았다고 할 것입니다. 즉 한번 찔러봐서 아무 말 없으면 20~30만 원 주워 먹겠다는 것이지요.

〈농지취득 자격증명〉

제 2020-300097 호		**농 지 취 득 자 격 증 명**		

농지 취득자 (신청인)	성명 (명칭)	박춘성	주민등록번호 (법인등록번호)	▩▩▩-1******
	주 소			
	연락처		전화번호	

취득 농지의 표시	소 재 지	지 번	지 목	면 적 (㎡)
	인천광역시 강화군 ▩▩면▩▩리	0472-0007	답	406.00
	인천광역시 강화군 ▩▩면▩▩리	0472-0009	답	41.37

취 득 목 적	주말체험영농

귀하의 농지취득자격증명신청에 대하여 「농지법」 제8조, 같은 법 시행령 제7조제2항 및 같은 법 시행규칙 제7조제4항에 따라 위와 같이 농지취득자격 증명을 발급합니다.

2020 년 05 월 08 일

인천광역시 강화군 ▩▩면장

<유의사항>

○ 귀하께서 해당 농지의 취득과 관련하여 허위 그 밖에 부정한 방법에 따라 이 증명서를 발급받은 사실이 판명되면 「농지법」 제59조에 따라 3년 이하의 징역이나 1천만원 이하의 벌금에 처해질 수 있습니다.

○ 귀하께서 취득한 해당 농지를 취득목적대로 이용하지 아니할 경우에는 「농지법」 제11조제1항 및 제62조에 따라 해당 농지의 처분명령 및 이행강제금이 부과될 수 있습니다.

계약 및 대출 자서까지 마친 후 다시 토지로 가서, 멋진 저수지 풍광을 바라보며 앞으로 어떻게 세컨드하우스를 구성할지 즐거운 상상을 했습니다. 그러다 슬슬 점심때가 가까워 배 좀 채우러 인근 맛집을 검색해 봤습니다.

　시기가 더워지는 5월의 한낮이었으니 시원한 물회 한 그릇 할까 하여 물회 맛집을 검색해봤습니다. 마침 후포항 인근에 어느 횟집이 물회를 얼음 그릇에 담아서 내오는 것으로 유명하여 TV에도 몇 번 나왔다고 하기에 그곳으로 향했습니다.

　횟집이 높은 지대에서 바다를 바라보고 있어 아주 풍광이 멋졌고, 물회 또한 정말로 얼음을 얼려서 만든 그릇에 담겨 나와 아주 시원하니 맛있었습니다. 이제 진정한 토지주가 되었다는 기쁨과 내 세컨드하우스 계획에 한발 다가섰다는 뿌듯함, 그리고 멋진 바닷가 풍광까지 더해져서 얼음 물회의 맛을 훨씬 배가시켜주는 것 같았습니다.

〈후포항 인근의 얼음그릇 물회〉

2장

농막 세컨드하우스 구축

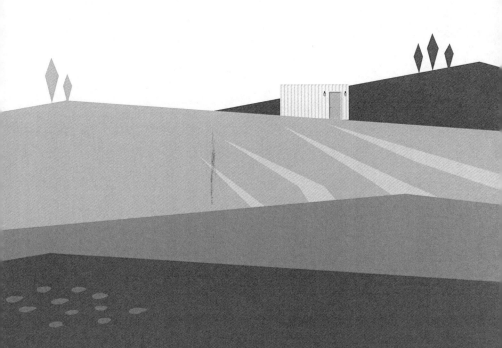

행정 절차

농막 세컨드하우스 계획 수립

2020. 5. 9.(토) "주말, 오늘도 강화도 땅에 들러서, 앞으로 어떻게 세컨드하우스를 꾸밀지 구상해 봤다. 그리고 도면으로 작성하고, 향후 구체적인 공정계획을 세워봤다. 세 살 버릇 여든까지 간다고, 건설회사에서 십수 년 근무한 습관이 아직 남아 있구나…."

저는 농막으로 세컨드하우스를 만들기로 생각하면서부터 여기저기 정보를 검색하고 자문을 구하며 저만의 세컨드하우스를 어찌 꾸밀지 많은 연구를 했습니다. 농막에 대해 잘 정리된 책이라도 한권 있었으면 좋으련만, 도서관을 다 뒤져봐도 전원주택 건축이나 귀농, 텃밭 등의 책만 있지 농막을 주제로 다룬 책은 찾지 못했습니다.

전원주택에 대한 책들에도 농막에 대한 내용이 가끔 언급은 되어 있지만 단순한 농막의 정의 정도만 쓰여 있을 뿐, 실질적인 설치 사례가 쓰여 있는 책은 없었습니다. 농막에 대해 정리된 자료가 없다 보니 어쩔 수 없이 인터넷에 떠다니는 각종 글을 참조하고, 경험 있는 분들의 조언을 들어가며 우선 저만의 세컨드하우스 배치를 구상해 봤습니다.

저는 건설회사에서 십수 년을 근무한 베테랑 토목 기술사이기에 건설현장 근무할 적의 업무방식을 적용해서 그동안 머릿속으로만 구상해오던 농막 세컨드하우스의 구성 및 배치를 Auto CAD 프로그램을 사용해 우선 평면도를 구현해봤습니다.

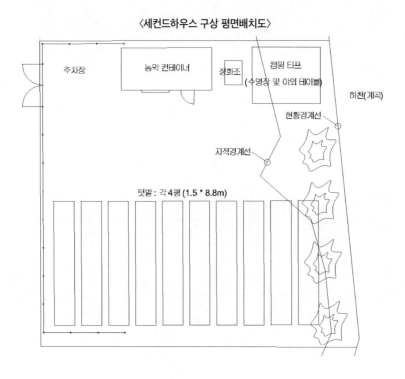

〈세컨드하우스 구상 평면배치도〉

세컨드하우스가 될 농막 컨테이너는 토지 모양에 맞추어 남서향으로 배치하고, 하천에 접한 국유지 공간은 우선, 제가 활용하되 언제든지 민원이 발생하면 치워줄 수 있도록 캠핑 타프 등의 임시시설을 설치하여 야외 바비큐장 겸 미니 물놀이장으로 활용하는 것을 구상했습니다. 그 밑으로는 감나무 등 과실수를 좀 심고, 나머지 부지는 텃밭으로 조성해 옥수수나 고구마, 당근 등을 키워 보면 좋겠다고 생각했습니다.

다음 단계로 이 평면도를 바탕으로 향후 세컨드하우스 조성을 위한 실질적인 공정계획을 수립해봤습니다. 사람이 무언가 일을 추진할 때에는 분명한 목표와 이를 달성하기 위한 세부계획이 있어야만 합니다.

물론 모든 게 계획대로 되지는 않겠지만 최소한 계획이라도 있으면 달성까지는 못할수 있다 하더라도 그 목표에 대한 방향을 틀리지 않고 일을 추진할 수 있는 것입니다. 실행하다가 계획이 어긋나면 그때 가서 다시 수정·보완하면 되는 것이지요.

〈세컨드하우스 조성을 위한 공정계획표〉

	A	B	C	D	E	F	G	H	I	J	K	L	M	N
1		공종	4월			5월				6월			9월	
2	사전	자금확보												
3	매수 전	현장조사	주말 인근 도보답사											
4		자문	강화도 출신 지인											
5		계약		공유도로 동의서 / 특약(건축허가)										
6		농취증 발급			법무사 대행									
7		대출 자서	자서											
8	매수 후	잔금			대출실행일 맞춰서...									
9		소유권이전			등기권리증 수령									
10		지적경계 측량				경계말뚝 보정								
11		가설울타리				우선 고라니망 설치								
12		부지정리				농막부지 정리								
13		농막 계획	견적 뽑기											
14		농막 발주	전시장 방문			제작 / 입회확인								
15		농막 설치		가설건축물 축조신고			농막 반입거치(잔금),							
16		정화조					정화조 설치		준공필증 수령					
17		전기인입	견적뽑기/사례검색			전기인입 신청 전기인입								
18		수도인입	견적뽑기/사례검색		수도인입 신청				수도인입					

위 공정계획표는 실제 제 세컨드하우스 조성에 적용된 최종 수정본입니다, 대부분은 당초 계획대로 잘 실행되었는데, 위 표에서 볼 수 있

듯이 정화조 준공 일정만은 예정보다 3개월이나 지연되어 9월에 완료되었습니다. 이 정화조 준공지연 문제로 마음고생을 좀 했습니다.

그동안 비싼 돈 들여 농막에 수돗물을 연결하고 수세식 화장실까지 설치해놓고도 정화조 준공이 늦어져 화장실을 제대로 사용할 수 없었으니 참으로 미치고 팔짝 뛸 노릇이었습니다. 그래도 어찌어찌 잘 마무리하기는 했는데 그에 대한 자세한 내용은 뒤에 정화조 관련 부분에서 부연설명해 드리도록 하겠습니다.

토지 잔금, 등기이전 완료

2020. 5. 12.(화) "4시 기상. 새벽운동 및 공부. 글쓰기 후 8시반 가족모두 강화로 출발. 풍물시장 구경. 나는 10시에 부동산 잔금 처리. 송해 농협가서 농막설치에 대한 지상권자 동의서 받고, 중국집에서 점심. 땅에 가서 울타리 임시설치."

　　강화농협에서 대출금 실행받기로 협의된 날에 맞춰 매도자와 상의하여 잔금일정을 앞당기고 약속한 일시에 공인중개사 사무실에 방문하였습니다. 대출 신청한 강화도 지역농협에서 선임한 법무사사무실 직원(통상 '사무장'이라 호칭함)이 입회하여 매도자와 매수자의 지참서류들을 확인 후 강화농협 대출담당자에게 전화를 하니 대출금이 바로 매도자의 계좌로 직접 입금되었습니다.

　　대출금을 제외한 나머지 잔여 금액은 같은 시간에 제가 매도자에게 추가로 입금하였으며 등기권리증 등 매도자 서류를 받아서 법무사 사무장에게 모두 넘겼습니다. 법무사 사무장과는 잔금일 이전에 미리 통화하여 농취증 발급대행 비용을 깎는 등 등기이전 업무에 대해 견적 협의를 이미 마쳤기에 기협의된 비용을 법무사에게 입금해 주었습니다.

모든 서류를 건네받은 법무사 사무장은 등기이전 처리를 위해 먼저 자리를 일어났으며, 저는 매도자에게서 계약 당시 약속했던 공유도로 사용 승낙서(동의서)를 건네받았습니다. 전기, 상수, 하수 등을 공유도로를 통해 인입하려면 전체 지분의 50% 이상 동의가 있어야만 그 허가를 내주기에 이러한 동의서를 받아두는 것은 토지거래에서 꼭 필요한 절차라 말씀드리겠습니다.

동의서를 받을 때 수도, 전기 등 기관마다 동의서 양식이 다르니 필요한 해당기관의 양식을 미리 확인하여 받아두어야 할 것이며, 그리고 동의자(공유자)의 인감도장 날인과 함께 인감증명서도 같이 받아 두는 것이 필수입니다.

간혹 매도자가 동의서에 서명만 해서 넘겨주는 경우가 있는데, 관공서 담당 공무원마다 판단이 다르기는 하지만 어떤 때에는 단순히 서명(싸인)만 받아서는 동의서로 인정해주지 않는 경우가 있기 때문입니다.

저도 이런 경험은 처음이라 딱 여기까지만 준비했었는데, 지나고 보니 동의서와 인감증명서를 미리 여분으로 몇 장 더 받아두는 게 좋다고 생각됩니다.

왜냐하면 추후에 토지의 개발행위나 건축 등을 할 때에도 모든 공유도로 지분권자의 동의가 필요한데, 나중에 추가로 동의서를 받으려다 보면 귀찮다고 동의를 안 해주거나 또는 비용보상을 요구하는 경우가 종종 발생하기 때문입니다.

〈전기·수도인입을 위한 공유도로 지분권자의 사용승낙서〉

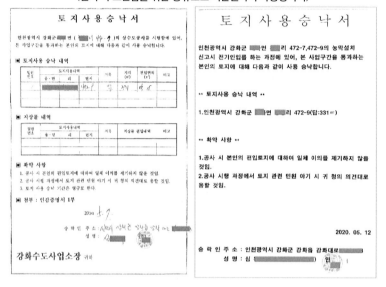

마지막 단계로 공인중개사에게 중개 수수료를 지급해주고 모든 잔금 절차를 마쳤습니다. 토지 매수가격부터 법무사 등기이전 비용 및 공인 중개사 수수료 등, 제가 이번 토지를 매수하면서 총 소요된 비용을 정리해보니 아래와 같이 토지값 외에도 약 400만 원의 부대비용이 발생했습니다.

〈강화도 토지 매수에 소요된 총 비용〉

- 토지 매수가: 8,100만 원(본 필지 123평 + 도로지분 13평) × 60만 원 = 8160만 원
  60만 원은 매도자와 협의하여 감액
- 세금: 291만 원(취득세 243 + 농특세 16.2 + 교육세 16.2 + 인지세 8.2 + 증지세 2.6 + 채권 4.4)
- 법무사 수수료: 30만 원(농취증 발급 대행료 포함)
- 공인중개사 수수료: 73만 원

※ 총합계: 8,494만 원

잔금 업무를 마친 후 대출받은 강화농협으로 다시 향했습니다. 토지를 담보로 대출받을 때 금융기관에서는 소유자 임의로 땅에 건축을 하는 등 권리관계가 복잡하게 꼬이는 경우를 방지하기 위해 대출을 실행하면서 담보 토지에 지상권을 설정해둡니다.

지상권은 말 그대로 그 토지의 지상을 사용할 수 있는 권리인데, 이 지상권이 설정되어 있으면, 내 땅이라 할지라도 어떤 법적 행위를 하려면 반드시 지상권자의 동의서가 첨부되어야만 합니다.

그렇기에 제가 토지를 매수했어도 그 토지에 농막을 가져다 두고 군청에 승인받으려면 반드시 지상권자의 동의서가 첨부되어야만 하는 것이지요.

그렇다고 은행에서 자기들 마음대로 동의를 안 해주거나 딴지를 걸지는 않습니다. 대출 이자만 꼬박꼬박 잘 상환하고, 급격한 신용등급 하락 등의 이상 징후만 없다면 소유자가 농막을 짓든, 건축을 하든 그때그때 동의서를 잘 써줍니다.

저 역시 농지 위에 농막을 가져다 두고 군청에 정식으로 가설건축물 축조 신고를 할 예정이었으니 지상권자의 동의가 필요했습니다. 그래서 강화 지역농협 대출 담당자에게 상황 설명하였더니 금방 동의서를 작성해 주었습니다.

〈지상권자(강화농협)의 동의서〉

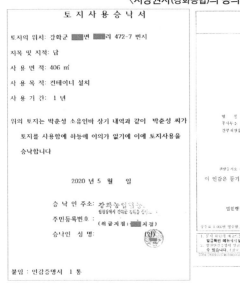

만약 군청에 신고 및 허가 없이 농막을 가져다 두거나 건축행위를 할 것이라면 이런 동의서는 필요 없겠지만, 누군가 민원 제기하거나 관공서 점검 시 지적되면 불법 건축행위로 과태료 및 벌금 처벌은 물론 해당 시설 철거까지 해야 하는 골치 아픈 일이 생길 수 있습니다.

단순히 컨테이너 한 동 가져다 놓고 농막으로 쓰려는 것도 이런 골치 아픈 상황이 되지 않게 하려면 반드시 가설건축물 축조 신고를 해야 하며 그에 대한 내용은 뒤에 자세히 부연설명해 드리겠습니다.

지역에 따라 일부 면 지방의 한적한 지자체에서는 가설건축물 축조 신고 없이도 농막이 허용되는 곳도 있다고는 들었는데, 강화군, 양평군 등 수도권 인근 지자체에서는 반드시 가설건축물 축조 신고를 해야만 합니다.

이런 정식 신고 필요 여부를 가장 빠르고 정확하게 확인하는 방법은 해당 지자체의 건축허가 담당 공무원에게 문의하는 것이며, 제가 정착한 강화군의 경우에는 반드시 신고하도록 관리하고 있습니다.

강화농협에서 지상권 사용 동의서를 받은 후 다시 토지에 들렀습니다. 여러 번 와봤지만 이제는 잔금까지 치르고 완전히 제 소유로 넘어온 이후라서 그런지 더욱 정감 가고 가슴이 벅차오르는 느낌이었습니다.

이렇게 제 토지를 바라보고 있노라니 모든 동물의 본성(?)인 영역 표시 본능이 발동되어 어떻게든 제 소유의 토지임을 경계 표시하고 싶어졌습니다.

그래서 토지 위에 방치되어 널브러져 있던 농사용 고추말뚝과 그물망을 유용해 토지경계에 허름하나마 임시로도 울타리를 둘러쳤습니다. 토지를 매매할 때에는 별도의 특약조항이 없는 한 그 토지는 물론 토지에 붙어있는 정착물까지 모두 같이 소유권이 이전된다고 할 수 있습니다.

그렇기에 토지 위에 있던 농사용 고추말뚝이나 그물망, 심지어 돌멩이까지도 모두 이제는 제 소유라고 할 수 있는 것입니다. 이런 배경으로 당당히 고추말뚝과 그물망을 제 마음대로 사용할 수 있는 것이지요.

그물망 높이가 1.2m밖에 안 되어 어차피 사람이 넘어가려고 마음먹으면 쉽게 넘어갈 수 있기에 울타리가 있어 봐야 별 소용없지만 그래도 제 소유 토지의 영역을 명확히 그어 둔다는 것에 의미를 두었습니다. 허접한 그물망 울타리를 설치하면서 나름 소유권을 주장하고자 자전거용 자물쇠를 하나 가져다가 잠금장치까지 해두니 왜인지 모르게 마음이 뿌듯해지고 든든한 느낌이 들었습니다.

〈고추말뚝과 그물망으로 설치한 울타리 / 접수받은 등기권리증〉

며칠 후 법무사 사무실에서 등기이전 완료되었다는 연락과 함께 등기권리증을 수령했습니다. 방금 전에 나온 따끈따끈한 등기부 등본과 토지대장에 제 이름이 쓰여 있었는데 이 또한 기분이 좋았습니다.

저는 주택이나 토지와 같은 부동산의 보유는 '다다익선'이라 생각합니다. 이렇게 등기권리증이 하나씩 늘어갈 때마다 그 기쁨과 뿌듯함은 헤아릴 수가 없답니다.

〈소유권 이전 완료된 토지대장〉

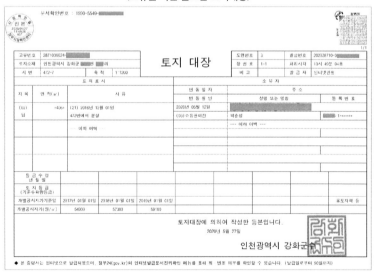

컨테이너 농막 제작 발주

2020. 5. 13.(수) "여러 군데 비교 견적 끝에 농막 컨테이너로 결정. 제작 발주하고 계약금 전달. 공정 계획대로 하나하나 실행 중."

잔금까지 치렀으니 이제 다음 단계로 농막을 제작 설치하고자 했습니다. 앞서 한번 살펴봤듯이 농막에도 종류가 매우 다양합니다. 비록 6평밖에 안 되지만 비싼 것은 마치 숲속 오두막과 같이 멋들어진 외장재에 높이 4m 이내 범위에서 내부를 2단 복층으로 꾸민 고급 농막도 있고, 세련되게 유럽풍 마감재를 사용한 농막이나 아름다운 한옥의 형태로 꾸민 농막 등 여러 가지 다양한 제품이 많습니다.

어쨌든 이런 유형의 멋들어지고 고급스러운 농막들은 하나같이 모두 비쌉니다. 토지에서 직접 제작 설치하는 방식이든, 공장에서 제작후 운반 거치 방식이든 기본적으로 2천만 원 이상 합니다. 여기에 마감재를 좀 더 싼 것 쓰거나 단열재를 좀 더 저렴한 것 사용하는 등 부분별 자재 품질을 낮추면 금액이 조금씩 떨어지는 개념인 것입니다.

저도 처음에는 돈이 들더라도 공간 활용도가 높은 복층형으로 비싼 것을 사볼까 했는데, 앞서 언급했다시피 복층형 농막은 군청에서 허가를 안 해줄 수도 있다는 구설수가 많이 들리기에 지레 겁먹고 법적으로 전혀 문제없는 단층형을 선택했습니다.

어차피 단층형을 선택하다 보니 이왕 싼 것을 사는 김에 우선 몇 년 동안은 정말 최소한의 비용으로 화장실과 싱크대 등 기본시설만 갖춰 놓고 경험을 쌓아보자는 생각이 들어 내장재와 외장재 모두 최소 사양으로만 견적을 뽑게 되었습니다.

이런 결정을 하게 된 이유는 첫 번째로 지금 이 세컨드하우스에 대한 동경이 코로나19로 인한 피난처를 찾고자 하는 보상심리에서 발동한 일시적인 감정일 수도 있기에 혹시라도 주말농장 생활이 금방 지겨워질 수도 있다고 생각했고, 두 번째로는 추후에 정말 전원생활이 마음에 든다면 정식으로 주택을 건축할 수도 있었기 때문입니다.

그래서 우선은 주말에만 사용하는 세컨드하우스로서 화장실, 싱크대 등 구색만 갖추는 범위 내에서 가장 저렴한 컨테이너 형식으로 만들어보고자 결정했던 것입니다.

컨테이너는 활용도가 많으니 혹여 나중에 정식으로 주택을 건축하게 되면, 중고로 되팔아도 되고 또는 창고나 손님 숙소 등의 용도로 활용하면 되는데, 만약 수천만 원 들여 비싸게 멋들어진 복층 농막을 만들어 놓고서 이렇게 창고로 방치하게 된다면 너무 돈이 아깝다는 생각이 들었습니다.

농막의 제작방향을 결정하고 나서 우선 손품을 팔아 몇 군데 컨테이너 전문 제조업체를 찾아봤으며, 먼저 전화통화로 개략 견적을 물어본 후 가장 저렴하다 싶은 2개의 업체에 시간약속을 하고 방문해서 그 중 좀 더 신뢰가 가고 비용이 저렴한 업체와 계약을 진행했습니다.

제가 원하는 컨테이너의 규격, 창호의 배치 등을 견적 담당자와 협의하여 아래와 같이 제작도면을 작성하였고 정식 견적서를 건네받았습니다.

컨테이너 제작 업체에서는 모든 사람에게 저와 같이 도면과 견적서를 잘 작성해주지는 않습니다. '이 사람은 정말 컨테이너 구매 의사가 있구나'라는 확신을 심어줘야지만 이런 세밀한 상담과 견적이 가능할 것입니다.

그런 측면에서 상세 견적까지 받아보시기 위해서는 단순히 전화통화만으로는 어려우니, 이렇게 발품 팔아 해당 제조업체 전시장에 방문해 책임 있는 직책의 직원과 직접 대면 상담받아야 제대로 된 견적을 받을 수 있으리라 생각합니다.

〈농막 컨테이너 제작도면 - 외부〉

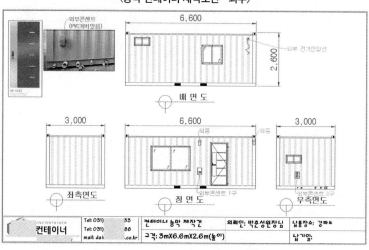

〈농막 컨테이너 제작도면 - 내부〉

〈농막 컨테이너의 주요자재 및 마감재 사양〉

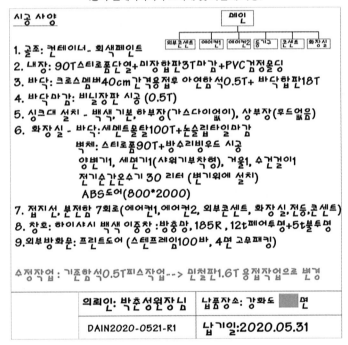

시공 사양

페인

| 외부콘센트 | 에어컨1 | 에어컨2 | 등기구 | 콘센트 | 화장실 |

1. 골조: 컨테이너 - 회색페인트
2. 내장: 90T스티로폼단열+미장합판3T마감+PVC검정몰딩
3. 바닥: 크로스멤버40cm간격용접후 아연함석0.5T+ 바닥합판18T
4. 바닥마감: 비닐장판 시공 (0.5T)
5. 싱크대 설치 - 백색기본 하부장(가스다이없이), 상부장(후드없음)
6. 화장실 - 바닥:세멘몰탈100T+논슬립타일마감
   벽체: 스티로폼90T+방수리빙우드 시공
   양변기1, 세면기1(샤워기부착형), 거울1, 수건걸이1
   전기순간온수기 30 리터 (변기위에 설치)
   ABS도어(800*2000)
7. 접지선, 분전함 7회로(에어컨1,에어컨2, 외부콘센트, 화장실 전등 콘센트)
8. 창호: 하이샤시 백색 이중창 :방충망, 185R, 12t페어투명+5t불투명
9.외부방화문: 프린트도어 (스텐프레임100바, 4면 고무패킹)

수정작업 : 기존함석0.5T피스작업--> 민철판1.6T 용접작업으로 변경

의뢰인: 박춘성원장님	납품장소: 강화도 ▉면
DAIN2020-0521-R1	납기일:2020.05.31

〈농막 컨테이너 제작·설치 견적서〉

◆◆◆ 아래와 같이 견적합니다. ◆◆◆

견 적 금 액 (부가세 10% 별도)		일금 칠백이십구만오천 원 정				₩7,295,000
NO	품 명	규 격	수량	단 가	합 계	비 고
1	컨테이너 타입	3mX6.6mX2.6m(H)	1 동	2,400,000	2,400,000	외부 도색 : 회색 페인트
2	내부 스티로폼 단열	3mX6.6m	1 식	400,000	400,000	천정90T + 벽체 90T
3	하이샷시 백색 이중창	2000X1200	1 ea	300,000	300,000	185R/ 12mm페어유리+5mm유리,방충망
		1050X930	1 ea	150,000	150,000	185/ 12mm페어유리+5mm유리,방충망
		800X400	2 ea	100,000	200,000	185/ 12mm페어유리+5mm유리,방충망
4	화장실 시공	1.6mX1.6m	1 ea	1,900,000	1,900,000	양변기1, 세면기1(샤워기부착), 거울1
		바닥: 세멘트몰탈100T+논슬립타일시공		/ 내부: 스티로폼단열90T+방수리빙우드시공		/ ABS도어
5	전기 순간 온수기	30리터	1 식	250,000	250,000	양변기 위쪽에 부착
6	싱크대 설치	W1200, 기본형	1 식	450,000	450,000	상부장 포함,
7	전기판넬난방	바닥, 다락	1 식	시공안함		바닥: 2난방형 / 다락:1난방형
8	비닐장판 마감	0.5T	1 식	기본시공		
9	내부 미장합판3T마감	3mX6.6m	1 식	기본시공		
10	외부프린트도어	900X2100	1 ea	250,000	250,000	
11	카고운송비	3mX6.6mX2.6m(H)	1 ea	450,000	450,000	하차포함
12	추가 외부등 2	외부콘센트1 추가	1 ea	95,000	95,000	외부콘센트는 차단기 별도 설치
13	바닥 아연찰석		1 ea	450,000	450,000	
전체 총 합계 (부가세10%별도)					₩7,295,000	

1. 보도블럭 (200*200*80H)제공 (3겹으로 놓을수 있게)

확인인 ○○○. [서명] '26.5.21
직책: 과장 성함: 이○○ [서명]

※ 기 타 특 이 사 항 ※
1. 현장 하차용 카고크레인 장비 포함
2. 현장에서 바닥 평탄작업, 기초콘크리트작업, 외부전기 연결작업, 정화조및수도배관연결작업 별도입니다. (발주처 시공)

입금계좌안내 : 농협 3○○○○○○○○○ 컨테이너(박○○)

견적서를 받아본 후 각 견적 항목에 대해서 견적 금액이 제가 다른 업체에서 알아봤던 금액보다 저렴하면 별말 하지 않았고, 그보다 비싸면 거기에 대해 지적하며 다른 업체에서 견적 받은 수준으로 금액을 깎았으며, 상세 계약 조건에 대해서도 꼼꼼히 질문하고 답변을 메모해 두었습니다.

이렇게 하여 총 730만 원에 6평 농막 컨테이너의 제작 및 방문설치 까지 포함한 견적을 받고 계약 체결했습니다. 제가 계약했던 상세 조건 들을 다음과 같이 정리해보니 한번 참조해보시면 좋을 듯합니다.

<농막 컨테이너 계약 특약 조건>

(업체 책임범위)

- 공장 제작 후 해당 토지의 지정위치까지 운반 및 하역 설치 모두 포함
- 부지정리, 기초지반 다짐, 운반차량 진입로 확보는 발주자가 조치
- 컨테이너 내부 배관설비까지만 업체에서 수행하며 외부에서의 전기, 수도인입은 발주자가 조치

(비용지급 시기)

- 계약시 10% /골조 완성 시 50% /출하 직전 30% /설치 후 10%

(관련 법령 준수)

- 가설건축물 축조 신고 및 전기/수도인입을 위한 법적 기준 준수할 것

제작 기간은 각 업체의 주문량 사정에 따라 다른데, 일거리가 많이 밀려있지 않다면 순공기 기준 1주일이면 제작 가능합니다. 컨테이너뿐만 아니라 목조나 경량철골 방식의 농막도 순공기로는 통상 1주일이면 제작 가능합니다.

제작과정이나 반입과정에 대해서는 또 뒤에 자세히 부연설명을 드리겠습니다. 그때 다시 언급하겠지만 이렇게 730만 원이라는 저렴한 비용으로 농막을 만든 것에 대한 저의 의견을 총평해 보겠습니다.

내·외장 마감재를 저렴하게 적용한 건 전혀 사용에 불편 없었는데, 보온단열재를 값싼 스티로폼으로 적용한 것과 난방용 전기온돌을 불법으로 지적될까 봐 지레 겁먹고 미설치했던 것은 겨울철 혹한을 겪어보니 정말 크게 후회되는 부분입니다.

가설건축물 축조 신고

농막은 정식 건축물이 아니기에 '허가'대상은 아닙니다. 가설건축물이기에 '신고'만으로도 사용 가능한 것이지요. 그래서 관할 군청에 가설건축물 축조 신고를 해서 '승인'받아야지만 합법적으로 설치를 인정받을 수 있습니다.

만약 가설건축물 축조 신고를 하지 않고 농막을 가져다 놓으면 주변에서 누군가 불법 건축물로 민원 제기하거나 또는 주기적으로 실시하는 군청의 단속 점검에 적발되면 과태료 처분 및 시설물 철거 명령도 같이 받게 됩니다.

농막에 대해 인터넷을 검색해보면 간혹 어떤 자료에서는 농막은 농지법에 근거하기에 건축법에 따른 허가나 신고가 필요 없다고 쓰어 있는 경우도 있는데, 아마도 그 법을 관리하는 농림축산식품부 공무원에게는 통할 수 있을지 몰라도 건축법을 기반으로 업무를 처리하는 군청

건축과 공무원들에게는 그런 말은 통하지 않을 것입니다.

만약 농막을 놓으시려는 분이 법에 대해 잘 아시는 분이라면 소송을 통해서 본인의 생각을 관철시킬 수 있을지는 모르겠으나, 그렇게까지 하기에는 너무도 피곤한 시간이 될 것 같습니다. 그냥 군청 한번 들러 간단히 신고서 하나 작성하면 되는 것을 가지고 꼭 공무원과 언성 높이며 소송까지 갈 필요는 없겠지요.

가설건축물 축조 신고는 매우 간단합니다. 가장 정확한 방법은 해당 소재지 군청 홈페이지에서 건축허가 담당 공무원을 검색하여 절차 및 준비물 등을 전화 문의하는 것입니다. 지역마다 조금씩 요구하는 서류가 다를 수 있기 때문이지요.

개략적인 이해를 돕기 위해 제가 강화군청에서 진행했던 가설건축물 축조 신고 사례를 설명해 드리겠습니다. 저의 경우도 미리 담당 공무원에게 전화하여 문의했었고, 그 결과 아무것도 준비물 없이 덜렁 신분증만 가지고 오면 된다고 하여 마음 편하게 군청에 방문했습니다.

건축허가 담당 공무원에게 찾아가서 오전에 전화로 문의했던 사람이라고 이야기하며 가설건축물 축조 신고하러 왔다고 말하니 신고서 양식을 주며 친절히 작성방법을 안내해 주었습니다.

신고서는 매우 간단합니다. 신청인의 인적사항 및 설치위치 주소를 기입하고, 가설건축물의 형태, 면적 등을 쓰면 끝입니다. 그리고 등기부 등본이나 토지대장 등 증빙서류를 첨부해야 하는데, 저의 경우에는 담당 공무원이 친절히 직접 출력해서 첨부해주었습니다.

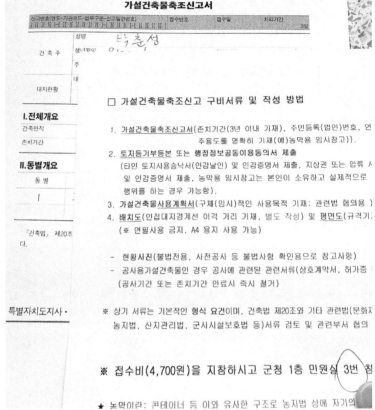

〈가설건축물 축조 신고서 작성사례〉

가설건축물축조신고서

신고번호(연도-기관코드-업무구분-신고일련번호)		접수번호	접수일	처리기간
				3일

건 축 주 / 성명 박춘성 / 생년월일 0□□

주 / 대

내지현황

I.전체개요
건축면적
존치기간

II.동별개요
동 별
I

「건축법」 제20조다.

특별자치도지사 ·

□ 가설건축물축조신고 구비서류 및 작성 방법

1. 가설건축물축조신고서(존치기간(3년 이내 기재), 주민등록(법인)번호, 연주용도를 명확히 기재 (예)농막용 임시창고)).
2. 토지등기부등본 또는 행정정보공동이용동의서 제출
   (타인 토지사용승낙서(인감날인) 및 인감증명서 제출, 지상권 또는 압류 시 및 인감증명서 제출, 농막용 임시창고는 본인이 소유하고 실제적으로 행위를 하는 경우 가능함).
3. 가설건축물사용계획서(구체(임시)적인 사용목적 기재: 관련법 협의용)
4. 배치도(인접대지경계선 이격 거리 기재, 별도 작성) 및 평면도(규격기:
   (※ 연필사용 금지, A4 용지 사용 가능)

- 현황사진(불법전용, 사전공사 등 불법사항 확인용으로 참고사항)
- 공사용가설건축물인 경우 공사에 관련된 관련서류(상호계약서, 허가증
  (공사기간 또는 존치기간 만료시 즉시 철거)

※ 상기 서류는 기본적인 형식 요건이며, 건축법 제20조와 기타 관련법(문화지농지법, 산지관리법, 군사시설보호법 등)서류 검토 및 관련부서 협의

※ 접수비(4,700원)을 지참하시고 군청 1층 민원실 3번 창

★ 농막이라: 콘테이너 등 이와 유사한 구조로 농지법 상에 자기의

그리고 가설건축물 사용계획서도 필요한데, 제 나름대로 신경 써서 자료들을 미리 만들어 갔는데 별 필요가 없었습니다. 그냥 공무원이 건네주는 양식에다 불러주는 대로 아주 간략히 '농업용'이라고만 쓰면 되므로 별도의 심오한 준비가 필요 없었습니다.

농막 배치도도 첨부 필요한데, 공무원이 지적도를 하나 출력해주면서 어느 위치에 배치할 것인지 대충 지적도상에 손으로 그려 달라고 합니다. 정확하게 그릴 필요 없이 간단히 배치방향 정도만 맞게끔 위치

를 그리고 지적경계선으로부터 최소 50cm 이상 이격하겠다는 문구만 써넣으면 완료됩니다.

〈가설건축물 사용계획서 및 배치도 사례〉

가설 건축물 사용계획서

작성 및 제출일 : 20.05.14

■ 가설건축물 유형 : 농막 (콘테이너 구조물)

■ 가설위치 : 강화군 ▨▨ 면 ▨▨ 리 472-7 내

■ 용도 : 농작업에 직접 필요한 농자재 및 농기계 보관,
수확 농산물 간이 처리,
농작업 중 일시 휴식

■ 농작물 : 현행 묵전 상태인 바, 개간 후 아래와 같은
다년생 작물 경작 예정
(고추, 토마토, 상추, 감자, 고구마, 사과, 감 등)

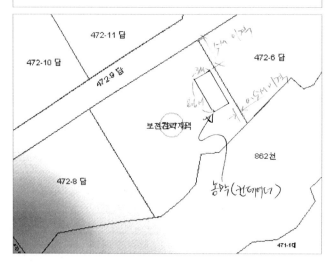

가설건축물 축조 신고 절차는 이게 끝입니다. 한 10분도 채 안 걸렸으며 신고 접수 후 후속 처리하는 데 통상 3일 정도 소요된다고 안내해줍니다. 그리고 기다리면 빠르면 이틀, 늦어도 3일 정도면 신고 수리되었으니 취득세와 등록면허세를 납부하고 신고필증을 받아 가라는 안내 문자를 보내줍니다.

〈가설건축물 축조 신고 안내 문자〉

안내받은 것처럼 며칠 후 처리완료되었다는 문자를 받고 다시 군청으로 향했습니다. 우선 민원실에 가서 취득세 약 25,000원과 등록면허세 9,000원을 납부하고 영수증을 들고 건축허가 공무원에게 다시 방문하면 신고필증을 수령받을 수 있습니다.

이 신고필증이 반드시 필요한 이유가 단순히 불법건축물에 지적되지 않기 위한 것뿐만 아니라, 상수도와 전기인입 신청 시 반드시 이 신고필증이 첨부되어야만 신청이 가능합니다.

또한 농막으로 각종 택배 등을 받아보려면 건축물에 대한 도로명 주소가 있어야 하는데, 비록 가설건축물일지라도 이 신고필증이 있으면 정식 신고된 건축물이기에 농막에 대해서 도로명 주소를 부여받을 수 있습니다. 이런 상수도와 전기인입, 도로명 주소 신청 등에 대해서는 뒤에 해당하는 날짜에 다시 상세한 설명을 해드리겠습니다.

〈가설건축물 축조 신고 수리 알림 공문 사례〉

 강 화 군 함께 만들어요
풍요로운 강화!

수신 수신자 참조
(경유)
제목 가설건축물축조신고 수리 알림(박★성, ○○리 ○○○)

1. 귀하의 가정에 행복이 가득하시길 기원합니다.
2. 민원 제20○○-77호(202○.○.○.)로 접수하신 인천광역시 강화군 ○○면 ○○리 ○○ 번지 상의 가설건축물 축조신고 건에 대하여 건축법 제20조에 따라 신고수리 되었음을 알려드리며,
3. 재무과(민원실 ⑥창구)에 등록면허세(930-3309) 및 신고조건상의 납부금을 납부하신 후 건축주 신분증 또는 위임장을 지참하여 4층 건축허가과에서 신고필증을 수령하시고 또한, 존치기간이 1년 이상인 가설건축물인 경우 신고일로부터 60일 이내에 재무과(민원실 ⑧창구, 930-3308)에서 취득세를 납부하시기 바랍니다.
4. 관련부서(기관)에도 통보해 드리니 관련업무(지방세 과세 등)에 참고하시기 바랍니다.

성 명	박춘성	생 년 월 일	19○○
주 소	인천광역시연수구○		
위 치	인천광역시 강화군		
지 목	전	용 도 지 역	관리지역
대 지 면 적 (㎡)	○○○	건 축 면 적(㎡)	20
건 폐 율(%)	해당사항 없음	연 면 적 (㎡)	20
용적률산정용 연면적(㎡)	해당사항 없음	용 적 률 (%)	해당사항 없음
주 구 조		동 수	1
주 용 도	임시창고(농막)		
존치기간	202○		
신 고 조 건	1. 존치기간 만료 시 즉시 철거하여야 하며, 기간을 연장하고자 할 경우 만료 7일전 신고하여야 하며, 기성품인 조립식 판넬 구조로 설치하여야 합니다. 2. 필증 교부 후 가설건축물 축조가 가능하고, 신고 된 구조(컨테이너), 규모 및 용도로만 사용하여야 하며, 타 법령에 의한 허가(신고)가 필요한 경우 사전 개별법에 의한 허가 또는 신고를 득하여야 합니다. 3. 농지법 상에 농막은 농업경영에 이용되는 주거목적이 아닌 연면적 20㎡이내에 농자재 보관 등을 위한 시설로 절대 주거에 전용하는 시설로 사용하지 않도록 하시기 바랍니다. 4. 컨테이너는 강화의 아름다운 자연경관과 조화로운 경사지붕, 부식(녹)방지 방청도색 또는 목재(사이딩)마감재 시설로 설치하시고 현장 확인 시 경관저해 및 신고목적을 달리한 통행방해의 경우 신고취소 될 수 있음을 알려드립니다. 5. 가설건축물이 존치기간 만료 또는 원에 의해 철거되었을 경우 유선 또는 문서로 반드시 통보하여 주시기 바랍니다. 6. 신고내용대로 축조 및 관리하지 않을 시 관계법령에 의거 신고 취소,
	과태료 부과 등 행정처분 및 사법기관에 고발될 수 있습니다. 7. 가설건축물 신고지에 절성토 및 포장시에는 개발행위허가를 사전에 득한 후 설치하여야 합니다.

〈등록면허세 및 취득세 납부〉

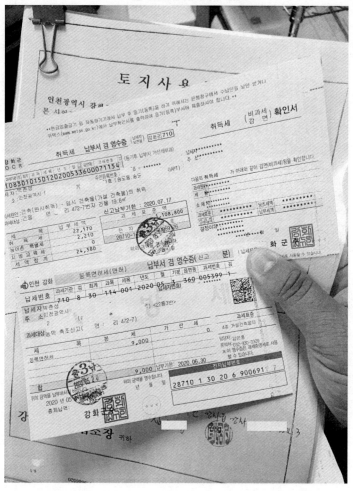

■ 건축법 시행규칙 [별지 제9호서식] <개정 2018.11.29.>

가설건축물 축조 신고 필증

신고번호

2020-건축허가과-가설건축물축조신고-557

건축주

박춘성

대지위치

인천광역시 강화군 ▨▨면 ▨▨리

지번

472 - 7

※ '지번'은 「공간정보의 구축 및 관리 등에 관한 법률」에 따른 지번을 적으며, 「공유수면의 관리 및 매립에 관한 법률」 제8조에 따라 공유수면의 점용·사용 허가를 받은 경우 그 장소가 지번이 없으면 그 점용·사용 허가를 받은 장소를 적습니다.

전체개요	건축면적		연면적 합계		
		20 ㎡			20 ㎡

	동별	구조	용도	건축면적(㎡)	연면적(㎡)	지상층수
동별개요	1	컨테이너조	가설건축물(가설사무실창고)	20	20	1

존치기간

2023년 05월 15일

  귀하께서 제출하신 가설건축물 축조신고서에 대하여 가설건축물 축조 신고필증을 「건축법 시행규칙」 제13조에 따라 교부합니다.

2020년 05월 18일

강화군수 [직인]

4절

시설 공사

정화조 업체 견적 받기

가설건축물 축조 신고를 위해 강화군청에 방문한 김에 겸사겸사 정화조 인허가를 관할하는 환경위생과에 들러 담당 공무원을 만나봤습니다. 그리고 제 토지의 지번주소를 알려주고 정화조 설치 가능여부를 다시 한 번 질의했습니다.

담당 공무원은 친절하게 잘 설명해주었고, 특히 제 토지가 저수지에서 50m 이내에 있으니 일반 정화조는 인정되지 않고, 반드시 고도 처리능력을 가진 고고도 오수합병정화조를 설치해야만 한다는 주의사항을 알려주었습니다. 그래서 이왕 군청에 온 김에 정화조 업체 견적이라도 받아보고자 담당 공무원에게 관내 허가된 정화조 업체를 추천해달라고 부탁했습니다.

담당 공무원은 난색을 보였습니다. 공무원 입장에서 어느 업체를 특정하여 소개해주기가 난처하다는 것입니다. 대신 군청에 오수처리시설 시공 면허 등록된 업체 리스트를 보여주며 연락처를 옮겨 적든가 사진을 찍어가든가 하라고 안내해 주었습니다. 친절한 설명에 감사 인사를 드리고 등록된 업체의 리스트를 사진 촬영하여 군청을 나왔습니다.

제가 겪어보니 군청에서 민원처리를 할 때마다 매번 설문 평가기관에서 전화가 와서 담당 공무원의 강요나 불친절, 소극행정 등은 없었는지를 물어보더라고요. 아마도 이러한 사후 설문평가 등의 견제장치가 공무원의 인사고과에 반영되기 때문에 공무원들도 불친절했던 예전과는 다르게 상당히 상냥하게 잘 대응해주는 것 같습니다.

〈군청에 등록된 정화조 시공업체 리스트〉

◎ 오수처리시설 시공 및 관리 면허업체 현황			
상 호	소 재 지	전화번호	비 고
산업	남산리	934-	시공, 관리
환경	갑곶리	933-	시공, 관리
판상	관청리	932-	시공

◎ 관내 분뇨수집·운반업체		
상 호	소 재 지	전화번호
환경	강화읍 중앙로 74번	932- 5,933-
환경	강화읍 중앙로 74번	934- ,934-
환경	선원면 중앙로	932- ,932-

귀가 후 군청에 등록된 두 군데 업체에 연락하여 견적 상담을 받았습니다. 각각 470만 원과 580만 원으로 견적을 내주었습니다. 무슨 견적가가 110만 원이나 차이 나는지? 어느 정도 비슷한 수준에 있어야 평균 시세를 파악하고 저렴한 업체에 의뢰하겠는데, 이건 차이 편차가 너무 심하다 보니 대체 어디까지가 거품인지를 판별하기가 어려웠습니다.

그렇기에 견적은 항상 세 군데 이상에서 받아봐야 합니다. 예전 건설회사 근무할 적에도 그러했지만 뭐든지 세 군데만 견적 받아보면 적정 시세가 파악되기 마련입니다. 인터넷으로 강화 및 김포 지역 위주로 정화조 업체를 추가 검색해봤는데, 대부분의 검색된 업체는 정화조를 설치는 안하고 제작 판매만 한다거나, 지역이 멀어 강화도까지는 설치 못한다고 하였습니다.

강화도 내에서도 정화조 설치 업체가 있겠지만 워낙 영세해서 그런지 인터넷에서는 검색이 되지 않았습니다. 끈기를 가지고 검색하다 보니 강화도 전원생활과 관련된 네이버 카페에서 지역 건축업체에 정화조 시공을 맡겼던 사례 글이 올라와 있는 것을 읽게 되었습니다.

그 카페의 다른 글들도 쭉 훑어보니 아주 보물 같은 정보가 많이 있는 귀한 사이트였습니다. 제가 궁금해하던 강화도 귀촌이나 전원생활에 대한 현실적인 정보들이 많이 공유되고 있었는데, 아마 강화도가 아닌 다른 지역도 이런 식으로 전원생활을 즐기시는 분들끼리의 커뮤니티 공간이 분명 있을 것이라 예상됩니다. 그런 카페를 잘 활용하시면 세컨드하우스 생활에 큰 도움이 될 겁니다.

그 카페 글에 언급된 정화조 설치 업체의 연락처로 전화하여 추가로 견적을 받아봤습니다. 그 업체에서는 견적가로 550만 원을 불렀습니다. 이런저런 정보들과 견적 결과를 종합해보니 얼추 시세파악이 되었습니다.

일반적인 정화조는 배출수의 수질기준이 10ppm 이하이며 설치비용은 자재비와 공사비를 포함하여 300만 원 선으로 형성되어 있었습니다. 하지만 제 토지와 같이 저수지에서 50m 이내 위치한 지역은 수질기준 5ppm 이하인 고고도 오수합병정화조를 설치해야 하며 그 비용은 통상 500만 원 선에서 형성되어 있는 것입니다.

정화조 설치시기도 같이 문의해봤는데 어떤 업체는 반드시 농막과 상수도가 설치되어 있어야만 정화조를 시공할 수 있다고 하고, 또 어떤 업체는 농막과 상수도가 없어도 정화조를 먼저 설치할 수 있다고 안내하여 참 헷갈렸습니다.

견 적 서

수   신 : 박 춘 성 님 귀하

공 사 명 : 오수합병 정화조 설치공사
공 사 장 소 :   면   리 427-7
공 사 기 간 : 계약일로부터 15 일

　　　　　　　주식회사
대표이사 :
인천광역시 강화군 강화읍
TEL:(032)934-
FAX:(032)934-
E-mail: @naver.com
담당·상무   3

하기 와 같이 견적서를 제출 합니다

합계:금 사백칠십팔만원정(₩4,780,000) 부가가치세 별도

순번	품　　　명	수 량	단 가	금 액
1	정화조(5ppm) 농업용수구역 설치용	1조	2,780,000	2,780,000
2	정화조탱크 보호 콘크리트BOX	1개	900,000	900,000
3	백호우(06) 타이어	1일	600,000	600,000
4	설치신고/준공검사	1식	300,000	300,000
5	소　계			4,580,000
6	기업이윤(기타잡비)	1식	200,000	200,000
7	누　계			4,780,000
8				
9				
10				
	합　　계			4,780,000

비고	1.견적외사항 상호 협의후 시공합니다　　(Nego : 470만원, 착수금 400만원 + 잔금 70만원)

농협

　　그때는 저도 몰랐지만, 이제는 정화조 공사를 직접 해봤으니 명확한 정답을 알려드릴 수 있습니다. 정화조 설치공사는 아무 때나 할 수 있습니다. 어찌 보면 농막 반입 전에 미리 정화조를 먼저 매설해 두는 게 공간배치나 시공 흐름 측면에서는 더 좋을 수도 있습니다. 하지만 배관 연결은 반드시 농막이 반입되어야만 작업할 수 있습니다. 그러니 결

국 최종 공사완료는 농막이 반입된 이후에 가능한 것입니다.

그리고 정화조 준공검사 때에는 담당 공무원이 반드시 현장에 나와 직접 확인하는데, 실제로 화장실 변기와 싱크대에서 물을 흘려보내어 정화조로 문제없이 유입되는지를 검사하기 때문에 준공검사를 받으려면 상수도가 연결되어 있어야만 한다는 것입니다.

물론 상수도 없이 FRP 물탱크나 살수차 등을 이용해 준공검사 받을 때만 일시적으로 사용할 수도 있습니다. 하지만 그 모든 게 비용이 추가되는 것이기에 가장 저렴하게 정화조를 설치하는 방법은 농막을 먼저 가져다 놓고, 상수도인입 공사 하는 날에 맞춰 정화조 업체를 불러 같이 마무리 작업하는 것입니다.

그러면 정화조 업체에서 농막 내부로 수도배관 연결은 물론, 오수배관 연결 작업까지 한 번에 끝낼 수 있기에 인건비가 절감되고 그렇기에 시공비용을 더 아낄 수 있습니다.

우선 세 군데 견적 업체 중 가장 저렴한 업체와 연락하여 추후 일정 잡아 제 토지에서 만나보고 현장답사 및 계약을 진행하기로 약속했습니다. 그런데 싼 게 비지떡이라고, 뒤에 자세히 알려드리겠지만 이 정화조 업체가 준공검사 때 저를 엄청 애먹였던 기억이 있습니다. 내용증명 발송에 형사고발까지 하려 했는데 어찌어찌 간신히 해결되었지요.

농막부지 잡풀제거 및 지반다짐

2020. 5. 23.(토) "4시 기상. 라면 하나 미리 끓여 먹고 6시 강화도로 출발. 7시 도착. 그물망 울타리 임시 철거. 8시 백호(08) 도착. 벌개제근, 면 정리, 컨테이너 부지 다짐 작업. 11시 종료. 다시 기존 자재 이용해 그물망 울타리 재설치. 컨테이너 부지에 설치위치 표시."

토지를 살펴보기에는 눈 덮인 겨울과 수풀이 우거진 여름은 피하는 게 정석입니다. 제가 이 토지를 답사했던 시기가 5월이다 보니 벌써 잡풀이 일부 자라나 토양의 형질과 토질까지는 완벽히 알아보기는 어려운 상태였습니다. 저는 건설회사 출신이다 보니 직접 중장비 불러서 토공사하면 될 것이기에 별로 개의치 않았지만, 건설 분야 경험이 없으신 분들은 이 또한 꼼꼼히 확인해야 하는 항목입니다.

토지가 묵전 상태로 있던 시간이 길다 보니 밭고랑 및 두둑이 중구난방 조성되어 있었고, 여기저기 생명력 질긴 잡풀들이 무성하게 자라 있어 대대적인 표면 부지정리가 한번 필요해 보였습니다. 그래서 강화도 내에 있는 중장비 업체를 알아봐서 대형 굴착기(포크레인)를 반나절 사용하기로 했습니다.

많은 분이 굴착기를 '포크레인'이라고 부르고 있는데, 이는 엄격히 말하면 잘못된 호칭입니다. 포크레인은 정식 장비의 명칭이 아니라 이 장비를 제조하던 프랑스의 '포클렝'이라는 대표적인 회사를 부르던 호칭입니다.

마치 상처에 붙이는 밴드를 하나같이 '대일밴드'라고 부르는 것과 같은 것이지요. 중외제약, 동아제약 등 밴드 제조사가 다양하게 많을 텐데 그냥 다들 가장 유명했던 제품인 대일제약의 밴드를 부르던 것이 마치 대명사처럼 굳혀진 것과 같은 유형입니다. 그렇기에 굴착기도 영문 호칭은 백호(Backhoe)라고 부르는 게 맞습니다. 하지만 포크레인이라고 불러도 다들 알아듣기에 별 상관은 없겠습니다.

굴착기를 수배하기 위한 연락처는 앞서 한번 알려드린 것처럼 인터넷에서 지역 전원생활 커뮤니티 카페 등을 통해 문의하면 빠르고, 아니면 해당 지역을 오가며 보이는 홍보 현수막 등을 보고 연락처를 알아낼 수 있습니다.

이 굴착기 운전원도 대다수 개인사업자로서 프리랜서 개념인지라, 연락하자마자 당장 내일 일하러 나오라면 일정잡기가 어렵습니다. 한 3~4일 전에 미리 전화하여 상호 일정을 약속해두어야 원하는 날짜에 장비를 부를 수 있겠습니다.

비용은 장비의 크기에 따라 차이가 큽니다. 이 책이 건설장비 기술서적이 아니므로 세세한 설명까지는 하지 않겠지만, 흔히 시골에서 논밭 정리할 때 가장 많이 쓰이는 자그마한 굴착기가 02(굴착기 버켓 체적이 0.2㎥라서 '공투'라고 부름)이며 비용은 하루 8시간에 50만 원 정도입니다.

아래 사진과 같이 제가 불렀던 장비는 08(굴삭기 버켓 체적이 0.8㎥라서

'공괄'이라고 부름)입니다. 이 장비는 하루 8시간에 70만 원 정도입니다. 그러므로 대략 02에서 08 사이의 장비 중 비용에 맞고 시간 맞는 장비를 섭외하면 됩니다.

〈잡풀제거 부지정리 및 농막 컨테이너 놓을 지반 다짐작업〉

저는 건설분야 기술사로서 이런 일들을 많이 해봐서, 이 정도 일감은 반나절(4시간)이면 충분하다고 판단했기에 애초에 장비를 섭외할 때부터 오전 4시간만 섭외했으며 비용은 40만 원으로 협의했습니다.

아침 8시에 장비가 도착하자마자 가장 먼저 지표면의 잡풀들을 모두 긁어서 뿌리 뽑았으며, 뽑은 잡풀들은 잘 짓이겨서 토지 한쪽에 쌓고 가볍게 흙을 덮어두면 시간이 흐르면서 자연적으로 썩어서 없어집니다.

그리고 돌멩이를 좀 걸러냈는데, 제 토지에는 돌멩이가 많이 섞여 있었습니다. 원래 논이었던 땅에 주변 공사현장에서 나오는 흙을 받아 일부 성토한 것인데, 그 흙에 돌멩이들이 많이 섞여있는 것입니다.

막상 토지를 파보니 생각보다도 돌멩이가 꽤 많았습니다. 그래서 굴착기에 철망(체) 버켓을 장착하여 돌을 좀 골라내게 했습니다. 철망의 규격이 10㎝ 크기라서 그보다 큰 돌은 골라내어 한쪽에 쌓아두었지만, 10㎝보다 작은 돌은 어쩔 수 없이 제가 두고두고 밭갈이하면서 골라내야겠지요.

지금 같았으면 이렇게 굴착기 부른 김에 텃밭 구역에 두둑까지 만들어 밭고랑을 예쁘게 조성해 두었을 텐데, 그때는 농사에 대한 학습이 아직 덜 되어있어 미리 생각하지 못하고 그냥 부지를 평탄하게 정리하는 것까지만 해두었습니다.

그리고 곧 제작되어 들어올 컨테이너 안착 부지를 배수 용이하게 만들기 위해 주변보다 한 50㎝ 정도 높게 성토하였으며, 이때 혹여 지반 상태가 연약해 컨테이너 거치 후 침하가 생기면 곤란하기에 성토작업 중에 무거운 굴착기 버켓으로 강하게 내리치는 등의 꼼꼼한 층 다짐 작업을 병행했습니다.

참고로 농지에서는 허가 없이 높이 1m 이상 흙을 쌓거나 깎아내면 모두 불법입니다. 1m 높이까지는 허용되나 이를 초과할 경우 반드시 사전에 군청에 토지개량 허가를 받고 작업해야 하므로 참고바랍니다.

〈당초 전경 및 부지정리 후 전경〉

이렇게 반나절 시간 동안 굴착기를 잘 활용해 위 사진처럼 잡풀제거 및 농막 컨테이너 안착 부지 다짐작업을 완료했으며, 이후 굴착기 작업한다고 뽑아두었던 울타리를 대충 복구하고 이날의 작업을 마쳤습니다.

농막 제작 중간확인

농막 컨테이너 제작 발주하고 며칠 지난 후 제작업체 담당자에게서 연락이 왔습니다. 골조가 완료되었으니 약속대로 중도금을 지급해 달라는 것이었습니다. 농막 컨테이너 제작은 저도 처음 경험해보는 것인지라 적정하게 잘 하고 있는지를 알 길이 없어서 비록 바쁜 평일이었지만 시간을 쪼개어 공장에 직접 방문해 제작상태 확인 후 지급하겠다고 했습니다.

다행히도 제작 공장이 수도권에서 그리 멀지 않은 화성시 마도면에 있어서 금방 다녀올 수 있었습니다. 공장에 방문하여 담당자의 안내를 받아 제가 주문한 농막 컨테이너의 제작 상황을 직접 눈으로 확인할 수 있었습니다.

앞서 설명해 드렸다시피 향후 정식 건축을 할 수도 있다 보니 적정 기능만 확보되는 범위 내 최소비용으로 견적했었기에, 외관이 그다지 예쁘지는 않았습니다. 아래 사진과 같이 회색 도색이 기본사양인데 다른 색을 입히려면 도색 비용이 약 20만 원 추가됩니다.

　업체 설명에 의하면 다른 색상을 원한다고 해서 바로 그 색을 칠할 수 있는 게 아니라, 우선 기본사양인 회색으로 밑바탕 한번 칠 한 후 그 위에 다른 색상을 덧칠하는 개념이다 보니 공정이 하나 더 추가된다는 것이지요. 그래서 저는 그냥 가장 저렴하게 회색으로 도장 후 나중에 필요하면 제가 직접 덧칠하면 되지 않겠나 싶어서 외관이나 디자인은 모두 가장 저렴한 기본으로만 적용했었습니다.

〈농막 컨테이너 제작 중 골조 완료상태 방문확인〉

　이어서 내부 골격 상태를 둘러봤는데, 사진을 보면 바닥에 철판이 깔린 것이 보일 겁니다. 대부분의 컨테이너 바닥은 각관(Pipe)으로 틀만 형성 후 합판을 깔고 그 위에 장판으로 마무리를 합니다. 그러면 시간이 흐르면서 합판이 지면 습기에 의해 부식 손상되고, 그렇게 틈이 생기면 각종 벌레나 쥐들이 기어들어 올 수도 있습니다.

　그래서 저는 이런 문제를 원천 차단하기 위해 바닥 부분은 비용이 좀 들더라도 아연함석 철판으로 밀폐하도록 견적을 내었습니다. 외관은 안 꾸미더라도 기능은 제대로 확보하겠다는 생각이었지요. 앞서 첨부해드린 농막 컨테이너 제작 견적을 보시면 아시겠지만, 아연함석으로 바닥 차폐하는 데 45만 원이 추가 소요되었습니다.

그 외 각 용접부의 접합상태가 튼튼하게 잘 되어 있는지와 창호 위치와 규격이 설계대로 맞게 되어 있는지를 확인하였고, 그 결과 별문제 없어 보여 현장에서 중도금 460만 원을 건네주었습니다.

지나고 나서 생각해 보면 컨테이너 제작 시 이런 중간확인 단계에서 가장 확실히 확인해야 할 부분 중 하나가 지붕 철판의 용접상태라 생각됩니다. 지붕은 빗물을 그대로 맞는 곳이니 빈틈없이 전면용접 되어 있어야만 누수가 안 생기는 것이지요.

저는 처음부터 농막 용도로 사용할 것이니 누수 안 되게 특히 신경 써서 만들어 달라고 요구했기에, 지붕 철판을 전면용접 해주어 누수 없이 잘 쓰고 있지만, 인터넷 전원생활 카페 등을 검색하다 보면 건설 현장 가설 창고 등 중고 컨테이너를 개조해 농막으로 쓰고 있는데 천장에서 누수가 된다는 사례 등을 종종 보기도 합니다.

제가 농막 컨테이너를 제작하면서 가장 크게 실수한 부분은 단열보온과 난방 부분인데, 위 사진과 같이 골조가 끝나면 다음 공종으로 단열재 작업이 착수됩니다. 컨테이너의 단열재는 약 300만 원이 소요되는 발포 우레탄 방식과 약 40만 원이면 되는 기성품 스티로폼(두께 150㎜) 삽입 방식으로 크게 구분되는데, 돈 좀 더 싸게 해보겠다고 스티로폼으로 단열재를 선택했다가 한겨울에 추워서 고생을 좀 했습니다.

농막에 온풍기 한참 켜 둔 이후에는 단열재 성능 차이를 별로 못 느끼지만, 한겨울에 며칠 농막을 비워두었다가 들어가 보면 농막 내부가 싸늘한 것이 느껴지는 한기가 확연히 다릅니다.

그리고 농막의 대표적 난방기구인 전기온돌 판넬에 대해서도 불법이니 합법이니 등의 말이 많은데 제 경험을 바탕으로 의견드리자면 농막 제작 시 꼭 포함해 일괄 설치하는 게 좋습니다.

간혹 들리는 말에 의하면 공무원이 농막 점검을 나와서 전기온돌이 보이면 화재위험 우려가 있어서 허가를 불승인한다고도 하는데, 제 경험상 가설건축물은 신고 대상이지 허가의 대상은 아니며, 또한 건축과 공무원은 나와 보지 않습니다.

추후 정화조 준공검사할 때에는 환경위생과 공무원이 반드시 현장에 나와 보는데, 그 역할은 정화조 적정상태 확인이지 농막 내부 전기시설 점검을 목적으로 나오는 것이 아니며, 또한 이를 지적한다고 해도 명확히 불법이라 할 수 있는 법적 근거가 없습니다.

농막에 전기인입은 관계 법령에 따라 이미 허가된 사항이고, 농사일하다 보면 날 추울 때 따뜻하게 해놓고 휴식할 때도 있기에, 이런 관점에서 봤을 때 문제될 사항은 전혀 아니라고 생각됩니다.

저는 농막 제작비용 최소화를 위해서 일부러 전기온돌은 견적에서 제외하고 집에서 안 쓰는 전기장판을 가져다 깔아두었는데, 막상 제가 경험해보니 전기장판보다는 전기온돌이 확실히 더 바닥 난방 효과가 좋은 것 같습니다.

농막 제작상태 중간확인 및 중도금 지급 완료 후, 농막의 반입 예정일을 일기예보 고려하여 그 주의 일요일로 확정하였습니다. 농막 반입 일정이 확정되니 주요 후속 공정인 정화조와 수도배관 연결을 위한 설비 업체 선정이 필요하였습니다.

그래서 앞서 견적 받았던 정화조 시공업체 세 군데 중 가장 저렴한

견적을 내었던 업체와 통화하여 며칠 후 토지에서 만나 현장답사 및
계약하기로 일정을 잡았습니다.

정화조 공사 포함 범위

본격적으로 정화조 시공을 준비하기 위해 제 강화도 토지에서 정화조 시공업체 견적 담당자를 만났습니다. 토지의 상태와 작업여건을 보여주었고 소요 배관 길이 등을 산출해보더니 앞서 견적서 받았던 금액대로 시공 가능하다는 답변을 들었습니다.

그래서 공사 일정을 농막 컨테이너가 이번 주말에 들어오니 1주일 여유를 주어 그 다음 주 토요일(6월 6일)에 작업하기로 협의했습니다. 통상 정화조 설치는 주요 작업은 하루면 되고, 이후 배관연결이나 보온재 마감 등의 마무리 작업으로 깔짝깔짝 한두 번 더 들르는 정도로 시간이 소요됩니다.

이날 현장에서 정화조 업체와 세부 견적 협의를 하면서 예상하지 못한 뜻밖의 소득이 있었습니다. 저는 정화조 업체는 순전히 정화조 매설 및 하수배관까지만 시공하는 줄 알았는데, 이 정화조 업체 담당자는 상수도 계량기로부터의 급수 인입배관 연결까지도 당연하다는 듯 본인들이 같이 시공한다고 말하는 것입니다.

상수도 사업소에서는 신청자 필지의 지적경계에서 3m 이내까지만 수도 계량기를 설치해주고 딱, 이 계량기까지만 수도배관을 연결해 주기에 계량기 이후부터 농막으로의 상수도인입배관은 신청자가 직접 수행해야 합니다. 그런데 이 작업을 정화조 공사업체에서 알아서 해준다고 하니 예상외 소득이었습니다.

괜히 현장에서 기분 좋은 티를 내면 업체에서 말 바꿔 상수설비는 추가 비용 내라고 할까봐 저는 기분 좋은데도 꾹 참으면서, 당연히 상수도인입배관 시공까지 포함하여 견적 낸 것 아니냐는 식으로 천연덕스럽게 응대하며 아래 평면도와 같이 정화조 위치 및 상하수도배관 계획을 협의하였습니다.

〈정화조 공사 포함 범위 - 수도 계량기 이후 모든 설비작업〉

상수도사업소에서는 급수배관을 원하는 위치까지 다 연결해주는 게 아니라 앞서 언급 드렸다시피 해당 필지의 지적경계에서 3m 이내까지만 수도 계량기를 설치하고 배관을 연결해 줍니다.

수도 계량기에서부터 건물 내부로 인입하는 배관은 신청자가 직접 사람을 불러 작업해야 하는데, 그래서 저는 상수도사업소에서 수도 공사를 나오면 작업반장에게 십만 원 정도 챙겨드리며 농막 내부까지 상수도배관 좀 연결해달라고 부탁해 볼 요량이었는데 그럴 필요가 없어졌습니다.

그리고 야외수전 관련해서도 저는 경험이 없다 보니 전혀 생각도 안하고 있었는데, 정화조 업체 담당자가 이것도 당연히 본인들 업무라는 듯이 야외수전은 어디다 설치해 주면 되느냐고 물어보는 것이었습니다.

이것도 마찬가지로 기분 째졌지만 티 내지 않고 당연하다는 듯이 설치위치를 도면에 표시해 주었습니다. 업체 말로는 야외수전은 설치 해주겠지만 다만, 기존 견적에 포함된 것은 기본사양으로서 기온이 영하로 내려가면 동파될 수 있다면서 이를 동파 방지할 수 있도록 퇴수밸브가 포함된 부동전으로 변경하려면 30만 원을 추가해야 한다는 것입니다.

그 말을 듣고 스마트폰으로 급하게 인터넷 검색해보니 부동전 자재값이 7~8만 원밖에 안하는데 돈을 좀 과하게 부른다는 생각은 들었습니다. 하지만 어차피 전혀 예상 못했던 상수도인입을 공짜로 해준다는 것만으로도 충분히 남는 장사라 생각되어 기존 견적가 470만 원에 부동전 비용 30만 원을 추가하여 500만 원으로 최종 확정지어 착수 의뢰했습니다.

저는 속으로 쾌재를 불렀습니다. 이전 건설회사 근무할 적에도 많이 느꼈던 것인데, 공사를 하도급 줄 때에는 가급적 하나의 업체에 몰아주는 게 관리 측면에서 매우 편리합니다.

공종을 너무 자잘하게 나눠서 하도급 주게 되면 작업반 간에 이해 상충되는 부분이 분명히 발생되어 곤혹스러운 상황이 종종 발생되기도 합니다. 그렇기에 이렇게 한 군데 업체에 몰아주는 게 제 입장에서도 매우 편리한 것입니다.

게다가 견적금액도 다른 업체들보다 근 100만 원이나 싸게 해준다니 '역시 아직까지는 시골 인심이 참 좋구나' 라고 느끼며 좋아했습니다. 하지만 뒤에 말씀드리겠지만 준공검사를 앞두고 이 업체 담당자가 잠수(?)타는 바람에 아주 난감했었는데, 결론은 역시 '싼 게 비지떡'이었습니다.

정화조 및 하수 배관만 생각하고 만났는데 운 좋게 상수 배관과 부동전까지 일괄 도급 맡기는 것으로 잘 협의되어 기분 좋게 귀가했습니다. 그리고 농막 컨테이너 제작업체에 연락하여 주말 반입 설치에 문제 없는지 다시 한번 확인했습니다.

컨테이너 제작업체 담당자는 내부 마감재 및 설비까지 완료되었다며 작업 진행경과를 사진으로 보내주었고, 모든 게 계획한 대로 착착 흘러가니 저는 기분 좋아하며 농막이 반입될 주말만을 손꼽아 기다렸습니다.

〈농막 컨테이너 내부 마감재 상태 확인〉

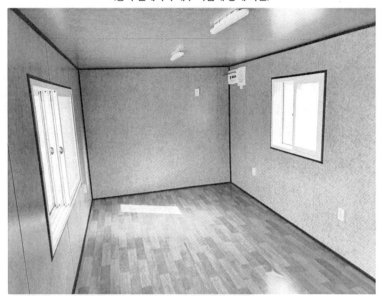

농막 컨테이너 반입 설치

ㄴㅇㄴㅇ. 5. 31.(일) "5시 기상. 씻고 바로 강화도 출발. 7시부터 컨테이너 반입 하역. 전기 및 정화조 업체 연락하여 후속일정 확인. 국수산 등반. 반대편으로 내려와 주변 트래킹. 석모도 어유정항 둘러보고 대명항 들러 회 떠서 귀가."

드디어 손꼽아 기다리던 농막 컨테이너 반입일이 되었습니다. 일요일이었기에 강화도로 들어가는 길이 막힐지 몰라 새벽 일찍부터 길을 나섰습니다. 7시 좀 안 되어 토지에 도착했는데 마침 컨테이너 운반차량도 그즈음 맞추어 도착했습니다.

컨테이너 등 기성품 농막을 하역설치할 때에는 일반적으로 지게차를 많이 부릅니다. 제작 반입하는 기성품 농막은 무게가 약 5톤 이내이기에 지게차만 있어도 하역은 가능합니다.

그런데 만약 지게차 이동로의 지반상태가 안 좋다면 농막의 중량이 지게차 바퀴의 좁은 면적에 집중 작용하다 보니 땅이 푹 꺼지면서 지게차 바퀴가 땅속에 처박혀 옴짝달싹 못 하는 상황이 있을 수 있고 심각할 경우에는 지게차가 기울어지면서 농막의 무게를 못 이기고 같이 전도되는 대형사고가 발생될 수도 있습니다.

　제가 농막 컨테이너 내려놓을 위치는 굴착기로 층 다짐을 잘 해두었으나, 차량 진입로까지 완벽히 다짐작업을 한 것은 아니기에 꽤 걱정이 되었습니다. 그래서 컨테이너 제조업체와 상의하여 아예 5ton급 카고 크레인 장비에 컨테이너를 싣고 와 바로 크레인으로 인양 하역하도록 사전 협의해 두었습니다.

　지게차는 비용이 시간당 5만 원 정도이고, 카고 크레인은 반나절에 45만 원 정도인데 비용이 추가되더라도 사고 없이 안전하게 하역하는 게 중요하다 생각했습니다. 그래서 그 비용까지 추가된 금액이 총 730만 원인 것입니다.

　카고 크레인이 컨테이너를 내리기 위해 아웃트리거를 펼치는 등 작업 준비를 하는 동안에 저는 컨테이너를 놓을 부지에, 미리 구입해온 검정색 멀칭용 비닐을 포설했습니다.

　'멀칭'이란, 잡초가 자라는 것을 방지하기 위해 검정색 비닐이나 천막 등을 지표면에 덮어서 햇빛을 가려주는 것을 말합니다. 종묘상에 가면 농사할 때 편리하게 하기 위해 약 100m씩 한 롤(Roll) 당 1~2만 원에 규격화된 멀칭비닐도 판매하고 있습니다.

〈농막 컨테이너 안착부지에 멀칭비닐 포설〉

농막 컨테이너 밑에서 잡초가 무성히 자라면 내부 바닥이 습기가 차고 철판이 빨리 부식된다고 합니다. 그래서 잡초가 자라나지 못하게 햇빛을 차단하기 위해 이렇게 멀칭비닐을 먼저 깔아두었는데 나중에 시간이 흐르고 보니 이런 행위가 별 의미 없었습니다.

한여름에 강풍불고 비오고 하면 아무리 멀칭비닐을 흙으로 잘 눌러 놨어도 여기저기 찢기고 날아가서 별 기능이 없었습니다. 그래서 천막(Capa) 등의 두껍고 무거운 재질로 포설하고 벽돌 등으로 확실하게 눌림 고정할 게 아니라면, 이렇게 단순히 얇은 비닐만 깔아두는 행위는 별 의미가 없는 것 같습니다.

농막 컨테이너를 하역하기 전에 우선 트럭 바깥쪽으로 돌출되어 나와 있는 농막의 하부 제작상태를 육안으로 꼼꼼히 확인했습니다. 바닥면에 아연함석 철판으로 밀폐한 것은 지난번 중도금 지급 시 공장에서 확인했었지만, 그 철판 밑의 바닥 철골 각관 틀 상태는 보지 못했기 때문입니다.

하부에 철골 간격 및 용접상태를 눈으로 확인했고 별문제는 없어 보여 하역작업을 진행시켰습니다. 그리고 솔직히 이미 다 제작되어 현장에 운반되어 온 마당에, 이제 와서 바닥 철골이 일부 미흡하다고 해서 반품하거나 취소시킬 수도 없는 노릇이지요. 그냥 추후 컨테이너 하자보증기한 내 어떤 문제가 발생하면 제조업체에 수리 요구할 증빙 정도의 용도로 활용하기 위해 사진이나 찍어둔 것입니다.

〈농막 컨테이너 하부 상태 확인 및 인양거치〉

농막 컨테이너를 하역할 때, 다른 보조 작업자 없이 카고 크레인 운전기사 혼자만 왔기에 과연 혼자서 작업이 가능할지 미심쩍었는데 괜한 기우였습니다.

운전기사 혼자 컨테이너에 인양 고리를 매달아 공중으로 띄운 뒤 바닥에 주춧돌 깔고 수평기를 이용해 주춧돌 위에 추가로 얇은 합판을 더 끼워 넣는 등 혼자서 북치고 장구 치고 다 하더니만, 한 30분 만에 컨테이너 하역 및 수평 맞추기 작업까지 모든 설치가 뚝딱 완료되었습니다.

저는 보조 작업자가 없기에 '내가 돈 낸 발주자인데, 내가 직접 일 도와줘야 하나?' 싶어서 살짝 기분 나빠하고 있었는데 운전기사 혼자서 30분 만에 작업을 해치우는 것을 보면서 혀를 내둘렀습니다. 생활의 달인 프로그램에 나가셔야 할 듯합니다.

농막 컨테이너 설치가 잘 마무리되니 마음이 뿌듯했습니다. 기분 같아서는 당장 오늘부터라도 농막에 기거하며 밭고랑 매고 텃밭 좀 제대로 일궈볼까 싶었지만, 아직 전기와 수도가 안 들어오다 보니 아쉬운 마음을 뒤로 한 채 주변 정리만 하고 나왔습니다.

농막 하역 설치 작업이 예상보다 일찍 끝나, 채 아침 8시도 안 되었기에 이대로 집에 돌아가기는 아쉬움이 있어 제 세컨드하우스 바로 옆에 있는 국수산을 가볍게 산책하기로 마음먹었습니다.

국수산으로 산책가는 길에 황청저수지 너머에서 이제야 모양 잡히기 시작한 제 세컨드하우스를 바라보니 예전에 없던 삐까뻔쩍한(?) 제 농막 컨테이너가 보이는데 이렇게 멀리서 보는 것만으로도 마음이 훈훈해졌습니다. (위 우측사진 화살표 참조)

국수산은 높이가 해발 고도 193m밖에 안 되는 야트막한 산입니다. 그래서 아무 준비도 없이 달랑 반바지에 반팔 차림으로 가뿐히 오를 수 있었습니다. 높이는 그리 높지 않지만 바로 옆에 석모도와 석모대교가 훤히 보이는 위치라 전망이 꽤 상쾌했습니다.

〈국수산 정상에서 석모대교를 바라보며〉

저 앞의 석모대교를 바라보며, '다리 놓이기 전에 미리 석모도 땅을 좀 사두었으면 어땠을까?' 하는 생각이 좀 들었습니다. 제가 만약 다시 20대 사회 초년생으로 돌아갈 수 있다면, 돈 버는 족족 부동산을 사둘 것입니다. 부동산에 투자하여 돈 불리는 재미를 마흔 넘어서나 깨우치다니 매우 아쉬울 뿐이지요.

국수산에서 내려 온 후에도 아직 정오가 채 안 되었습니다. 그래서 다음 코스로는 방금 산 위에서 바라보았던 석모대교를 넘어 섬 안에 들어가 보기로 했습니다. 불과 몇 개월 전에 공매로 낙찰 받은 공유토지 분할 문제로 몇 번을 왔다 갔다 했던 길인데, 이번에는 그런 무거운 주제가 아니라 그냥 단순히 여유시간에 드라이브하는 것이라 그런지 마음이 꽤 편했습니다.

그래서 차를 몰고 석모대교 넘어 어유정항으로 향했습니다. 저는 '항만 및 해안 기술사'로서 과거 현대건설에서 근무할 당시 어촌부두 등 항만 건설현장에서 꽤나 오랜 시간을 근무했었습니다. 그러다 보니 바다가 참 친근하니 좋고 또 생선회도 좋아하기에 이렇게 가까운 곳에 어항이 있으면 맛있는 회도 값싸게 먹을 수 있으니 겸사겸사 미리 어판장의 시세도 알아볼 겸 어유정항을 목적지로 잡았습니다.

〈무료 캠퍼들의 성지, 어유정항에서〉

어유정항은 강화군에서는 유일한 국가어항으로서 규모도 꽤 큰 편이나 도서 지역 특성상 아직은 외부에 많이 알려지지 않아 시설이용이 무료여서, 주말이면 넓은 주차장 부지에 캠퍼들이 몰려와 무료캠핑을 즐기는 숨겨진 명소입니다.

이런 부분과는 별개로 어유정항에 대한 개인적인 추억이 좀 있는데, 제가 30대를 목전에 두었던 20대의 마지막 해, 2009년도에 야간대학원 석사과정을 다니면서 자주 인사드린 석사과정 입학동기 중 한 분이 당시 대림산업(현 DL E&C) 최고참 부장 직급으로서 바로 여기, 어유정항 정비공사 현장의 현장소장으로 계셨었습니다.

그래서 그때부터 석모도라는 섬이 강화도 옆에 있고, 그 안에 어유정항이라는 국가어항이 있으며, 캠퍼들이 무료 캠핑하러 자주 온다는 사실을 익히 알고 있었기에, 한 번도 와본 적 없었지만 그 이름만으로도 예전 석사과정 시절의 기억들이 떠올라 저에게는 각별한 장소로 인식되었었습니다.

어유정항에 도착하여 이동식 트럭 커피가게에서 시원한 아이스 아메리카노 한잔 사 들고 빨대 꽂아 쪽쪽 빨아 마시며, 주차장 부지에 있는 많은 캠퍼와 낚시하는 사람들의 모습을 구경하며 호사스러운 여유시간을 좀 가졌습니다.

다른 건 다 좋았는데 어유정항에 대해 크게 실망한 게 한 가지 있습니다. 나름 국가어항이기에 당연히 자연산 회만 취급할 줄 알았는데 막상 어판장에 가보니 죄다 양식만 팔고 있었습니다. 게다가 시세도 오히려 도심지 수산물 가게보다도 더 비싸게 팔고 있더라고요.

아마도 회를 사 가는 사람들이 현지인들보다는 캠핑 온 외지 사람들이 많다 보니 자연산만으로는 그 수요를 다 충족하기 어려워 양식산을 들여다 놓은 것 같고, 또한 그 캠퍼들 대다수가 어쩌다 한번 주말에 놀러 온 사람들이다 보니 횟값이 조금 비싸도 '그런가 보다' 하고 넘어가 주니, 지역 상인들이 이리 바가지를 씌우는 것 같습니다.

어쨌든 짧은 석모도 어유정항 나들이를 마치고 귀갓길에 올랐습니다. 원래는 어유정항에서 회를 좀 포장해 가려 했는데 양식산에 가격까지 비싸게 부르니 기분이 상하여, 그냥 제가 자주 들리는 김포 대명항에서 회를 포장하기로 경유지를 정했습니다.

김포 대명항은 강화 초지대교 바로 건너편에 있어, 집이 송도인 저는 강화도에서 귀가하는 길에 이곳을 자주 들립니다. 여기서는 어선 선주들이 직접 잡아 온 100% 자연산만 취급하며, 가격 또한 도심지 수산물 가게보다 훨씬 저렴합니다.

다만 자연산만 취급하다 보니 제철이 아닌 수산물은 구경조차 할 수 없다는 게 흠인데, 하지만 반대로 생각하면 철마다 제철 수산물을 저렴한 가격에 살 수 있으니 매우 좋은 조건이라고 할 수도 있겠습니다.

그래서 이날은 자연산 광어와 참소라를 회로 떠서 포장해 귀가했으며, 집에서 즐거운 마음에 가족들과 함께 시원한 소맥과 가성비 좋은 자연산 회를 먹으며 하루의 회포를 풀었습니다.

〈강화도와 마주보는 김포 대명항 수산시장에서〉

전기인입 공사

이번에는 전기인입에 대한 저의 경험을 설명해 드리겠습니다. 제가 토지 매수계약할 때 매도인(전 토지주인)이 말하기를 본인 가족이 전기 공사 업체를 운영하기에 전기 작업이 필요할 때에는 꼭 본인에게 연락 달라고 했습니다.

물론 제가 그 사람 말을 꼭 들어야 할 의무는 없지만 가격만 적정하다면 생판 모르는 사람보다는 이렇게 안면 트고 인사한 사람에게 맡기는 게 더 좋을듯하여 우선 견적을 받아 봤습니다.

견적가를 보니 기존에 알아봤던 다른 전기 업체들보다 조금 더 저렴하게 불렀습니다. 한전에 납부하는 기본요금 약 24만 원은 어느 업체에 맡기나 똑같으니 그 항목은 제외하고 나머지 항목들을 보면, 특별히 바가지 씌운 것 없이 거의 실 투입비 있는 그대로 견적한 것 같았습니다.

아마도 매도인이 중간에서 잘 말해준 것 같습니다. 아래 견적서와 같이 지중매설을 위한 굴착기 장비사용료까지 포함하여 총 110만 원이었는데, 다른 회사에 알아보기로는 전부 이보다 더 비쌌었습니다.

항상 세 개 이상 견적 받아보면 대략 시세가 보입니다. 다른 2개 회사에서는 각각 170만 원, 200만 원으로 이윤을 좀 더 많이 남겨 불렀는데 매도인 가족이 운영하는 회사가 더 저렴하게 해준다기에 고민할 것 없이 전기 작업을 맡겼습니다.

〈전기인입 공사 견적서〉

견 적 서

2020.06.02
___면 ___리 박춘성 귀중
아래와 같이 견적합니다.

전 기 조 명
대　　표　　　　　(인)
인천광역시 강화군 강화읍 관청리
T E L : (032) 934 - ___ 代)
F A X : (032) 934 -
E-mail : v___@ hanmail.nat

합 계 금 액 :　　일금일백일십만원정　　　　₩1,100,000

품　목	수량	단위	단　가	금　액	
* ___면 ___리 472-7 컨테이너 계량기 설치 전기공사					
1. 한전불입금					
주택용	3	kw		242,000	
(VAT 포함)					
			계	242,000	
2. 계량기 공사비					
계량기설치공사	3	kw		358,000	
(VAT 별도)					
			계	358,000	
3. 지중매설 공사비					
굴삭기	1	식	300,000	300,000	
인건비	1	인	200,000	200,000	
(VAT 별도)					
			계	500,000	
계				1,100,000	
합 계				1,100,000	
※ 현장변경 또는 추가공사시 별도 요금이 부과됩니다.					

전기인입은 상수도인입과는 다르게 토지 소유자가 직접 한전에 신청할 필요 없이 정식 등록되어있는 전기업체에만 맡기면 업체에서 알아서 한전에 신청 등 인허가 업무까지 대행해 줍니다. 계약금을 입금하니 며칠 후 한전에서 전기인입 신청이 접수되었다는 알림이 왔습니다.

〈전기사용 신청 접수안내 문자〉

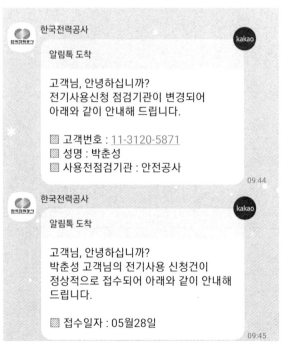

농막에 전기인입하는 비용은 일반적으로 인근 약 50m 이내에 한전 전주가 있고 그 전주에서 공중 가공선로로 바로 농막에 인입 가능하다면 한전 불입금과 업체 공사비를 합하여 60만 원이면 전기인입이 가능합니다.

그런데 전주와 내 토지 사이에 다른 사람의 토지가 끼어 있는 형상이라면 남의 토지 위에 전기 선로를 설치하는 것은 문제 소지가 있으므로 이에 대한 토지 소유주의 동의서 없이 공사할 수 없습니다.

설사 그 토지가 그냥 방치되어 있는 토지라 할지라도 소유주 동의 없이 전기 선로를 띄웠다가, 그 토지주가 '왜 허락도 없이 남의 땅 위로 전선을 설치했냐?'라고 민원제기하면 한전으로서는 다시 철거할 수밖에 없습니다.

이 경우에는 남의 토지에 영향주지 않게 공유도로를 이용해 땅속으로 전기관로를 지중매설하는 것이 가장 합리적인 방법입니다. 당연히 공사비는 증가하는데 기본비용 60만 원에 0.2㎥급 굴착기 장비 반나절 임대료 30만 원과 추가되는 지중배관 재료비와 인건비 등 약 20만 원이 더 소요되는 것입니다. 그러면 총 약 110만 원이 발생되는 것이지요.

그리고 만약, 주변에 기존 전주가 없다면 전주를 추가 설치하여 전력선을 끌어와야 합니다. 이 경우 전주 설치에 대한 비용이 신청자에게 부담되기에 전기인입 비용이 수백만 원 단위로 아주 커집니다.

따라서 토지를 매수하기 전에 주변에 전주가 있는지 여부와 남의 토지를 가로지르지 않고도 가공선로 인입이 가능할지?, 아니라면 지중매설해야 하는데 공유도로로 지중매설이 가능한지 등에 대한 현장조사가 필요하겠습니다.

간혹 수준 떨어지는 업체를 만나게 되면 작업반들이 본인 일 편하게 하려고 사전 동의도 없이 남의 땅 위로 가로질러 가공선로로 인입시켜 버리는 경우가 종종 있습니다. 큰일날 일이죠. 그러다 그 땅 소유주가 항의하고 문제제기하면 신청인만 피곤해지는 것입니다.

이런 것을 신청인이 직접 꼼꼼히 챙기고 확인하지 않으면 작업반들이 대충 막 해버리기에 반드시 작업 전에 업체 담당자와 전기 선로의 가설방법과 인입 경로에 대해 명확히 짚고 넘어가야 하겠습니다.

저는 건설회사 근무 경력이 있기에 이런 문제가 발생되지 않도록 아예 처음 견적할 때부터 전주에서 공유도로를 따라 지중매설하는 것으로 구상하고 견적에 그 비용까지 추가해 넣었던 것입니다.

전기업체가 공사하기로 하던 날, 저는 일정조정이 어려운 중요한 강의 스케줄이 계획되어 있어서 전기인입 공사에 입회하지 못했습니다. 하지만 공유도로를 따라 지중매설하라고 굴착기 비용까지 지급했으니 상식적으로 전기관로를 잘 매설할 것이라 여겨 별 신경을 쓰지 않았습니다.

오후 늦게 강의를 마치고 전기업체 작업팀장과 전화하여 진행 상태를 확인해봤습니다. 전기업체 팀장은 걱정하지 마라면서 지중매설로 작업을 잘 완료했다며, 공사 중 촬영한 사진 몇 장을 저에게 문자메시지로 보내주었습니다.

공사 중 사진을 받아본 저는 깜짝 놀랐습니다. 제가 상식이라 생각했던 공유도로를 통해 전기관로를 인입한 게 아니라, 아래 평면도와 같이 남의 토지를 거쳐 전기관로를 매설했기 때문입니다.

〈전기관로 지중매설 인입 공사 중 사진〉

〈전기관로 지중매설 계획(파란색)과 실시공(빨간색) 선형〉

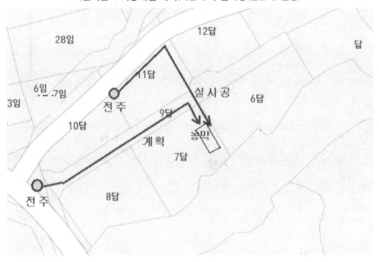

  제가 상식적으로 생각했던 선형은 위 평면도의 파란색 선형과 같이 공유도로를 타고 인입하는 것이었는데, 현장에서는 빨간색 선형과 같이 남의 토지를 거쳐 인입한 것입니다. 황당하고 어이가 없어 작업팀장에게 전화해 따졌습니다.

  대체 왜 남의 토지를 가로질러 전기관로를 매설했냐고 물었더니 작업팀장이 답변을 합니다. 가로지른 필지는 현재 매도인(제 토지 전 소유주)의 소유이고 본인 땅을 가로질러 지중으로 전기관로 인입하는 것에 대해 구두상으로 동의를 받았다는 것입니다.

아이고~ 미치고 팔짝 뛰겠습니다. 지역권 설정이나 토지사용승낙서 등 문서로 받은 것 하나 없어 구두상으로만 동의 받았다고 이렇게 해버리면, 추후 토지가 다른 사람에게 매도되어 새로 바뀐 주인이 이것으로 문제제기하면 대체 어찌해야 할지 실로 난감합니다.

마음 같아서는 공사비 못 주겠으니 당장 재시공하라고 하고 싶었습니다. 하지만 전기업체도 강화도 현지 사람들이고, 저렇게 구두승인을 해준 토지 소유주도 현지 사람으로 인근에서 캠핑장을 크게 운영하고 있다 하니, 문제를 크게 벌렸다가는 현지 주민들의 텃세와 보복이 걱정되었습니다.

시골에서는 은근히 알게 모르게 현지인들의 텃세가 무지 심합니다. 잘못 찍히면 심할 경우에는 농막 관련하여 사사건건 트집 잡아 허구한 날 군청에 민원 넣는다고들 합니다.

잠시 고민 끝에 어쨌든 현재는 매도인 본인 소유의 토지이고 또한 인근에 캠핑장을 크게 운영한다니 어디 도망갈 것도 아니시기에, 혹여 해당필지가 매도되어 새로운 소유자가 문제제기를 하더라도 어떻게든 전 토지 소유주를 물고 늘어지면 큰 문제는 없을 것이라 생각되어 더 이상 문제 삼지 않기로 했습니다.

결론적으로 이날의 가장 큰 깨달음은, '가급적이면 현지 주민에게 일 맡기지 말자! 문제 있어도 따지기 힘들다.' 였습니다. 어쨌든 이제 옥외 전기관로 인입은 끝났으니 다음 순서는 농막 컨테이너 내부의 전기시설 상태를 사용 전 안전검사 받는 것입니다.

그래서 이어서 전기업체를 통해 '한국전기안전공사'에 농막에 대한 전기안전검사를 신청했습니다. 검사일정은 바로 나오지는 않고 검사관 일정을 고려하여 신청 후 2~3일 정도 지난 후에 나옵니다.

정화조 설치 공사

2020. 6. 6.(토) "4시 기상. 6시 출발. 강화. 농막 내부 물걸레 청소. 정화조 업체 들어와서 정화조 매설시공. 급수관로 매설. 경작지 돌 골라내기 및 로터리. 처음 밭고랑 파서 비닐멀칭 해봄."

또다시 주말이 되었습니다. 예약해둔 정화조 공사 입회를 위해 새벽부터 강화도로 향했습니다. 아침 9시 정도가 되어서 정화조 작업자 2명과 자재를 잔뜩 실은 트럭 2대, 그리고 0.2㎥급 굴착기 1대가 현장에 들어왔습니다.

작업자 중 한 명은 일전에 현장답사 시 저와 견적 협의했던 직원인데 명함에는 상무라고 쓰여 있더니만, 고위 임원이 현장작업까지 직접 나오다니 좀 의아했습니다. 하긴 생각해보면 저 역시도 현재 대학교수이자 기업체 대표이지만 개인사업자이기에 온갖 잡일을 혼자 처리하고 있으니 그다지 의아해할 일도 아니지요.

나중에 이 상무라는 양반(?)이 사고치고 잠수 타는 바람에 정화조 준공처리가 안되어 마음고생 꽤 했었는데, 뒤늦게 알고 보니 이 상무는 대표이사의 처남이라고 합니다.

대표이사가 건강이 좀 안 좋아 대신 경영하라고 '상무' 명함 파주고 일 맡겼더니 처남이 이것저것 일은 잔뜩 벌여두고 수습을 제대로 안하는 바람에 회사가 망하기 직전까지 갔었다 합니다. 이 사람이 술버릇이 안 좋아 한잔 마셨다 하면 다음날 일 제치고 약속을 어기는 바람에 저와 같이 공사 맡긴 사람들의 원성이 자자했다고 합니다.

하여튼 그 부분은 뒤에 자세히 부연설명 드리겠으며, 이날의 작업은 그래도 무난히 잘 진행되었습니다. 우선 아래 사진과 같이 제가 정화조 위치를 지정해 주면 그 위치에 정화조 보호용 콘크리트 박스를 우선 매설했습니다.

〈정화조 굴착 및 보호 콘크리트 박스 매설〉

이때, 정화조 위치 선정 시 주의할 사항은 반드시 내 토지 지적경계를 벗어나면 안 된다는 것입니다. 상식적인 것이지만 간혹 위치개념이 부족하신 분들은 남의 토지에 정화조를 묻어서 결국 철거 재시공하는 해프닝도 있다고 합니다.

제가 생각하기에 토지를 답사할 때 가장 중요하게 확인해야 할 항목이 추후 건축허가 가능 여부입니다. 건축허가 가능 여부에 따라 토지의 가치가 크게 달라집니다.

그래서 토지를 볼 때 최우선으로 확인할 것은 해당 토지가 도로에 접해 있는지입니다. 도로에 접해있지 않으면 화재 발생 시 소방차 진입이 안 되기에 관련 법령에 의거 건축허가가 나지 않습니다.

도로의 폭도 매우 중요합니다. 앞서 설명해 드렸다시피 화재 시 소방차가 진입해야 하므로 소방차 진입이 가능한 정도의 도로 폭이 확보되어 있어야만 합니다.

그래서 건축허가가 가능한 도로 폭은 지자체마다 조금씩 다르지만 도심지역은 최소 4m 이상, 시골에서는 최소 3m 이상을 일반적인 기준으로 보고 있습니다.

그렇기에 도로가 접해있지 않은 토지는 장님과 같이 눈이 멀었다 하여 '맹지'라고 부르고, 그 가격은 도로에 접한 토지에 비해 ⅓ 수준으로 가치가 매우 떨어집니다.

건축허가에 필요한 사항 중 도로 다음으로 중요한 것은 구거(또는 하천)가 접해있는지 여부입니다. 구거가 있어야만 정화조를 설치하고 생활하수를 배출할 수 있기 때문입니다.

도시지역이야 대부분의 도로마다 밑에 우수~오수관로가 매설되어있어 도로만 접해 있다면 당연히 하수 배출이 가능하다고 볼 수 있지만, 시골에서는 일부 읍내와 같은 번화가가 아닌 이상 도로 밑에 우수~오수관로가 매설되어있는 경우는 드뭅니다.

그렇기에 토지에 접하여 구거나 하천 등이 붙어 있거나, 아니면 구거나 하천이 접해 있는 다른 사람 소유의 토지를 가로질러 하수배관 매설하는 것을 동의받아야만 건축허가가 가능합니다. 이때 다른 토지에 하수관로 매설 동의서를 받으려면 꽤 많은 보상을 해주어야만 할 것입니다.

〈FRP정화조 매설 및 모래 충진 후 표면보호 콘크리트 타설〉

〈효율적인 공간 활용을 위한 정화조 배치 구상(안)〉

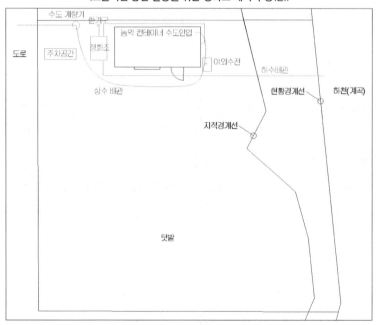

저는 제 토지 바로 옆에 저수지로 흘러 들어가는 하천이 붙어있기에 고민 없이 농막 컨테이너와 하천의 중간 위치에 정화조를 매설했는데, 어느 정도 짬밥을 먹은 지금 돌이켜 생각해보면 공간 활용 측면에서는 그다지 좋은 결정은 아니었다고 생각됩니다.

정화조가 농막과 하천 사이에 있으니 배관길이는 짧아져 작업하기에는 수월했으나, 공간 활용 측면에서는 별로 활용성이 떨어졌습니다. 차라리 다음 평면도와 같이 농막 반대편 공유도로 쪽에 정화조를 배치하고, 그 위를 주차공간으로 활용했으면 더욱 토지 활용성이 극대화되었을 텐데 아쉬움이 좀 남습니다. 뭐, 사람은 이렇게 실수해가며 하나씩 배우는 것이지요.

어쨌든 정화조 매설작업은 일단락되었고, 다음으로 상수관로 공사가 진행되었습니다. 토지의 지적경계에서 3m 이내 범위에 수도 계량기까지는 상수도사업소에서 시공해주는데, 계량기 이후의 수도배관에 대해서는 각 개인이 직접 작업해야 합니다.

저는 이 개인 작업구간을 정화조 업체의 업무 범위에 포함시켜 작업하는 것으로 협의했던 것입니다. 통상 농막용 수도배관은 직경 25㎜ 정도의 XL 배관을 사용하는데, 직접 사용해보니 이 정도 규격만 되어도 농막에서 사용하기에는 유량과 수압이 충분합니다.

그리고 배관 매설할 때에는 최대한 깊게 굴착하여 매설해야지만 동절기 한파에 수도배관이 결빙되는 것을 방지할 수 있습니다. 이렇게 겨울철에 땅이 얼어붙는 최대 깊이를 동결심도라 하는데, 지역마다 동결심도가 다르지만 강화도의 경우는 최소 1m 이상 파묻어야 한다고 보면 되겠습니다.

그리고 수도배관 작업을 하면서 향후 야외에서 다용도로 쓸 수 있도록 옥외수전도 하나 설치하였습니다. 이 옥외수전을 일반 수전으로 설치할 경우 동절기에는 얼어붙어 동파될 우려가 있으므로 반드시 수전 관로 내 고여 있는 잔류수를 빼낼 수 있도록 퇴수 밸브가 포함된 부동전으로 설치해야 할 것입니다.

부동전에 대한 자세한 원리와 사용방법은 인터넷 검색해보면 쉽게 알 수 있으며, 순수한 자재 비용은 7~8만 원 정도인데 이렇게 외부업체에 의뢰하게 되면 장비비와 인건비 포함하여 30만 원 정도를 주어야 합니다.

〈내부 수도배관 연결 및 옥외수전(부동전) 설치〉

상수도인입 공사가 먼저 되어 있었다면 바로 수도 계량기에 상수배관을 연결하면 물이 나왔을 텐데, 상수도 공사는 신청하고도 꽤나 긴 시간을 대기해야 작업이 가능합니다. 저의 경우도 토지 매수하자마자 5월 중순에 상수도사업소 가서 신청했는데, 신청 후 한 달도 넘어서 6월 19일에서야 수도인입 공사를 할 수 있었습니다.

[Web발신]
[강화수도사업소][2006-00024]
박춘성님 강화군 ___면 ___리
신설공사비 및 분담금 978,400원이
확정되었습니다. 2020.06.22까지
가상계좌(신한은행
562061 7)로 납부하여
주시기 바랍니다.

그나마 저는 제가 수시로 강화수도사업소 담당자에게 전화하여 빨리 좀 해달라고 닦달하였기에 이렇게 한 달 만에 공사했던 것이지, 손 놓고 '알아서 해주겠지'라고 생각하고 가만히 있으면 2개월은 훌쩍 넘겨야만 작업 들어온다고 합니다.

상수도 신청비용은 인근 도로에 수도배관이 지나간다면 약 98만 원이 소요됩니다. 만약 인근 도로에 상수도가 안 들어와 있으면 공사가 불가능하거나, 또는 매우 큰 공사비용이 소요될 것입니다. 그래서 토지 답사 단계에서 주변 진입도로에 수도배관 공사흔적이 있는지? 제수변 밸브나 수도맨홀 등이 있는지? 등을 같이 확인하는 것이 좋겠습니다.

여건상 부득이 상수도 연결이 어려운 경우에는 심정을 굴착하여 지하수를 뽑아내 사용해야만 합니다. 이 경우 지하수층까지 뚫는 비용과 심정펌프를 설치하는 비용 등을 감안하면 최소 700만 원 이상이 소요되며 천공 깊이가 깊어질수록 비용도 계속 늘어날 것입니다.

그리고 심정 공사를 한다고 해서 반드시 지하수가 나온다는 보장도 없습니다. 이 경우에는 돈은 돈대로 들이면서 물도 안 나오는 아주 끔찍한 상황이 발생할 수 있으니, 가급적이면 수도 연결 가능 여부를 토지 답사 시 꼭 확인하는 것이 좋겠습니다.

수도인입 공사가 이렇게 오래 걸리는 이유는, 12월부터 3월 중순까지 동절기로서 수도배관 공사를 하지 못했던 것을, 기온이 올라가는 3월 하순부터 신청된 순서대로 공사를 하려다 보니 이렇게 평균 1~2개월 지나서 작업이 되는 것입니다.

그래서 저는 우선 개인 시공분에 해당하는 수도배관만 이날 정화조 공사와 함께 시공해 두고 이날의 작업을 마무리하였습니다. 아침 9시부터 시작하여 오후 2시에 작업을 종료하였고, 저는 작업하는 중간중간 잠시 입회하며 사진 촬영만 했었지 제가 직접 삽 들고 작업하는 게 아니었기에, 작업하는 중에는 바로 옆 텃밭에서 밭고랑이나 일구며 시간을 보내고 있었습니다.

태어나서 농사일은 처음 해봤는데, 나름 재미있고 흥미 있었습니다. 삽질도 많이 하고 쇠스랑으로 돌멩이 골라내고 고랑과 이랑도 만들어 그 위에 멀칭비닐도 씌워두었습니다. 아마도 이렇게 제대로 삽질해본 것은 군 제대 후 처음인 것 같습니다.

오랜만의 삽질과 처음 해보는 농사일로 재미는 있었지만, 다음날부터 며칠간은 안 쓰던 부위의 근육을 무리하게 쓰다 보니 허리와 어깨의 근육통으로 끙끙거리며 고생 좀 했습니다.

〈밭고랑 형성 및 멀칭비닐 씌우기〉

씨 뿌리고 삼겹살 직화구이, 그리고 창후항

2020. 6. 9.(화) "4시 기상. 업무정리. 교안 작업 조금하고 6시에 강화로 출발. 공구창고 만들고 밭 돌 걸러내기. 점심때 목삼겹 구워 먹고 귀갓길에 창후항 들러 밴댕이회 사 와서 집에서 막걸리와 함께 먹음."

이날은 평일이었지만 제 직업인 프리랜서의 특성상, 평일에도 스케줄이 없는 경우가 종종 있습니다. 특히나 2020년도에는 코로나19 바이러스로 인해 대면강의가 대폭 축소되어 더욱이 평일에 시간 여유가 많았습니다.

어차피 일도 없는 거 집에 있으면 뭐합니까? 그래서 등산복으로 갈아입고 농막으로 향했습니다. 벌써 초여름에 들어서서 이제 농사를 시작하기에는 시기를 좀 놓쳤지만, 그래도 올해는 연습 삼아 뒤늦은 씨 뿌리기라도 해볼 요량이었습니다.

지난 번 굴착기 장비로 큰 돌은 좀 걸러내었지만 그래도 자잘한 돌멩이들이 아직도 꽤 많았습니다. 흙속에 섞여있는 모든 돌을 골라낼 수는 없지만 최소한 지표면에 있는 돌만이라도 쇠스랑을 이용해 직접 수작업으로 골라내었습니다.

그리고 고랑파고 두둑을 만든 후 읍내 종묘상에서 사온 퇴비를 두둑에 골고루 뿌려주었습니다. 나중에 알았지만, 퇴비 뿌린 후 유해한 독성이 증발되도록 한 2주 이상은 지난 후 씨앗 파종을 해야 한다는데, 그 당시에는 정말 농사가 처음인지라 멋모르고 퇴비 뿌리자마자 바로 씨앗을 심어버렸습니다.

〈텃밭 돌 골라내기 / 두둑 조성하여 퇴비 뿌린 후 옥수수 씨앗 심기〉

〈그해 가을, 옥수수 수확〉

난생처음 심어본 종목이 옥수수, 깻잎, 상추인데, 결과를 미리 스포(?) 해드리자면 깻잎과 상추는 폭망했고, 옥수수는 나름 중간 정도의 성공을 거두었습니다. 깻잎과 상추는 파종시기가 너무 늦어 아예 싹조차 못 피웠고, 옥수수는 성장이 좀 느리기는 했지만 그래도 쑥쑥 잘 자라서 가을에 우리 가족의 맛있는 간식거리가 되었답니다.

옥수수는 정말 키우기 쉽습니다. 신기하게도 씨앗 뿌려놓고 일주일에 1~2회 정도 물만 주니까 알아서 잘 자라더라고요. 정말 생명의 신비는 놀랍습니다. 농사 처음 해본 저의 똥손에도 옥수수가 이리 잘 자랄 줄이야?

재미는 있지만 힘든 농사일을 하다 보니 점심때가 되어 심한 허기와 피로감이 느껴졌습니다. 역시 안 쓰던 근육을 쓰다 보니 체력이 금방 고갈되는 것 같습니다. 불현듯 고기를 구워 먹고 싶다는 생각이 들었습니다. 시골에서 혼자 있다 보니, 다소 엉뚱하더라도 실현 가능한 것이라면 뭐든 제 마음대로 할 수 있는 것이 참 좋습니다.

바로 차를 몰고 제 농막에서 10분 거리에 있는 외포리 번화가로 나갔습니다. 번화가라고 해봐야 수산시장과 큰 마트 하나 있는 게 다지만, 그래도 강화도 서쪽에서는 이 동네가 가장 번화한 동네입니다.

마트에서 삼겹살과 쌈장 그리고 시원한 맥주 한 캔을 사서 다시 농막 세컨드하우스로 돌아왔습니다. 그리고 예전 캠핑 다닐 때 좀 썼던 구닥다리 싸구려 화로에 마른 나뭇가지를 주워 넣고 불을 지폈습니다.

마른나무에 불이 붙어 벌겋게 불꽃이 일렁이자, 불판 위에 삼겹살을 올려두고 빨간 불꽃에 그대로 구웠습니다. 직화구이 특유의 불 냄새가 은은히 퍼집니다. 가위를 안 가져와서 그냥 직화로 바싹 익은(어찌 보면 타서 조금 그을린) 삼겹살 한 덩이를 호떡 감싸듯 종이로 감싸서 손에 들고 뜯어먹기 시작했습니다.

〈농사일 하다 목삼겹살 직화구이에 맥주 한 캔〉

역시 야외에서 먹는 것은 뭐든 다 맛있는 법입니다. 특히 육체노동으로 허기질 때 먹어서 그런지 더욱 꿀맛이었습니다. 2020년 6월, 초여름에 있었던 행복한 추억입니다.

점심을 이렇게 야생스럽게 끼니를 때운 후 또다시 밭고랑 만들고 씨앗 뿌리다가 슬슬 해가 서쪽으로 기울기 시작하자 짐을 챙겼습니다. 퇴근시간대가 되면 도로가 막히기에 퇴근시간대보다 조금 일찍 나왔습니다.

집으로 가는 길에, 이전부터 '한 번 들러볼까?' 싶었던 창후리 선착장으로 방향을 돌렸습니다. 과거 강화도와 교동도를 연결하는 교동대교가 없던 시절에는 이 창후리 선착장이 교동도로 들어가는 교통의 요충지였습니다.

지금은 교동대교가 건설되어 여객선 선착장의 기능은 상실했지만, 그래도 많은 창후항의 어민들이 통통배를 타고 매일 제철 자연산 수산물을 잡아와 어판장에서 선주들이 직접 판매를 한답니다.

이 글 쓰고 있는 현재 제가 이제 강화도 짬밥 먹은 지(?) 1년 정도 되어보니 알겠는데, 강화도에서 잡히는 자연산 수산물은 겨울에는 숭어가 대표적이고, 봄철에는 밴댕이와 병어가 유명합니다. 여름에는 금어기라서 마땅한 게 없고, 가을 들어서면 새우와 꽃게가 유명합니다. 아, 그리고 갯벌 장어는 4계절 내내 유명합니다.

이렇게 한여름 금어기를 제외하고는 항시 제철 수산물이 있기에, 계절마다 한 번씩 부두 어판장을 들리는 재미도 쏠쏠합니다. 이날은 창후항 어판장에 들러보니 병어와 밴댕이가 한창 제철이었습니다.

〈창후항 어판장에서 - 병어와 밴댕이회〉

자연산을 어민들이 직거래로 팔다보니 가격도 아주 저렴합니다. 유통 마진이 제외되다 보니 일반 도심지 마트에서 사먹는 비용보다 거의 반값으로 살 수 있답니다.

황금빛으로 물들어가는 창후항의 아름다운 포구를 둘러본 후, 밴댕이와 병어를 각각 조금씩 회를 떠왔습니다. 병어는 찜이 제맛이고 밴댕이는 무침이 제맛이지만, 가끔은 이렇게 회쳐먹는 것도 아주 별미입니다.

전기안전검사, 불합격

2020. 6. 10.(수) "4시 기상. 오전에 교안 작성. 9시에 출발. 10시 반 건설기술연구원 국가건설기준센터 미팅. 표준시방서 제개정 집필위원 활동. 12시에 마치고 강화도 넘어가 내가면 짬뽕 먹고 농막 컨테이너 가서 전기안전공사 검사 입회. 불합격. 썩을⋯ 내부 배선, 박스 모두 개떡같이 했다. 제대로 확인했어야 하는데. 어쨌든 컨테이너 제조업체에 다시 연락하여 노출배관으로 재시공하기로 함."

농막에 가정용 전기를 인입하는 일반적인 절차를 간략히 정리하자면 다음과 같은 순서로 진행됩니다.

1) 전기공사 업체 견적/계약
2) 업체에서 한전에 전기인입 신청 대행
3) 전주에서부터 농막 내 분전반까지의 옥외 전기선로 인입
4) 전기안전공사 검사원 방문하여 농막 내부 전기시설 안전검사
5) 전기안전공사 합격필증 교부 (분전반에 스티커 부착)
6) 업체에서 전기 계량기 설치
7) 전기인입되어 정상사용

이날은 전기안전공사의 검사원이 제 농막 내부의 전기설비에 대한 안전검사를 나오기로 예정되어 있었습니다. 마침 그날에는 오전의 업무일정만 있었고 오후에는 시간을 낼 수 있었기에 오전 일 마치고 강화도로 넘어와 안전검사에 입회했습니다.

〈전기안전공사에서 농막의 접지 등 외부 전기 안전상태 점검〉

검사원이 도착하자 명함교환 및 간단한 인사 후 외부 전기시설 상태부터 하나하나 꼼꼼하게 보기 시작하는데, 접지상태에서부터 바로 지적이 나왔습니다. 접지선에 보호배관을 안 씌웠다는 지적인데, 배관을 사용하지 않을 거면 피복이 두꺼운 특수 전선을 사용해야 한다는 것이었습니다.

다음 순서로 농막 내부로 들어가서 내부에 분전반을 쭉 훑어보더니, 분전반에도 접지 연결이 제대로 안 되어 있으며, 내부 매입용 박스커버 설치도 안 되어 있다는 것입니다.

이어서 벽에 붙은 콘센트도 뜯어봤는데, 콘센트도 보호용 매입박스 없이 그냥 전선 결속부가 노출되어 있었고, 전선들도 모두 전혀 보호용 배관을 사용하지 않았기에, 과다하게 전기를 사용할 경우에는 전선

이 과열되면서 스티로폼 단열재에 불이 붙어 화재 발생할 우려가 있다는 것이었습니다.

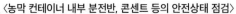

〈농막 컨테이너 내부 분전반, 콘센트 등의 안전상태 점검〉

검사원의 전기 안전검사 종합 의견은, 기본적인 전기안전 수칙도 지키지 않은 '개판 5분 전'이라는 것이었습니다. 이날 지적받은 사항을 요약하자면 아래와 같습니다.

1) 농막 내부 전선 보호용 배관 미실시
2) 콘센트 내부 매입박스 미실시
3) 분전반 접지 미연결
4) 분전반의 화장실용 차단기는 반드시 고감도 차단기에 연결 필요
5) 컨테이너 외부 접지선 규격을 HV에서 GV로 바꾸거나, 아니면 HV전선을 사용할 것이라면 보호배관 사용할 것

저는 건설분야 토목시공의 전문가이지, 전기에 대해서는 잘 모릅니다. 그런데 검사원이 지적하는 사항 하나하나가 전기를 잘 모르는 제가 들어봐도 구구절절 맞는 말인 것이었습니다.

제가 봐도 상식적으로 있어야 할 게 없었습니다. 예를 들자면 위 사진과 같이 내부 벽체에 매입되어 있는 콘센트가 대표적이겠습니다. 내

부 박스가 없으면, 전선과 콘센트의 접촉 부분이 단열재인 스티로폼에 직접 맞닿을 것이고, 그렇다면 전선에서 스파크만 튀어도 스티로폼이 녹거나 불붙을 것이 당연해 보였습니다.

전기안전 검사원은 다른 검사일정으로 바쁘다며 지적사항들이 다 보완되거든 다시 안전검사 재신청하라고 무심히 던지고 농막을 떠났습니다. 정말 난감했습니다.

저에게는 선택의 여지가 없었습니다. 어찌 되었든 전기시설을 정상적으로 사용할 수 없는 상태로 농막을 납품받은 것이니 농막 컨테이너 제조업체에 책임지라고 물고 늘어지는 수밖에 없지요. 그래서 저와 견적 협의했던 농막 제조업체 직원에게 전화를 걸어 자초지종 설명하고 어찌 조치할 것인지를 결정해서 알려 달라고 공을 넘겼습니다.

농막 제조업체에서는 여태껏 모든 컨테이너에 제 것과 똑같이 만들어 납품했었는데 이런 지적을 한 번도 받은 적이 없었다며 자기들이 오히려 더 황당하다고 답변했습니다.

농막업체의 황당하다는 답변은 제가 고려할 바가 아니고, 제 입장에서는 전기시설을 정상적으로 사용할 수 없게 잘못 만들어 온 것이기에 납득할 만한 조치가 없다면 제조업체의 귀책 사유로 계약해지하고 반품처리하겠다고 길길이 날뛰었습니다.

그리고 혹여 만족할 만한 후속조치가 없으면 법적 소송까지 가야 할 수 있으니, 일부러라도 재판에서 증거로 사용할 수 있도록 내용증명 개념으로 아래와 같이 문자메시지로도 제 입장을 보내어 두었습니다.

전화통화로 말씀드린 지적사항에 대해 전기안전공사 담당자 연락처 알려드릴 테니 궁금한 것 있으시면 직접 확인해보시기 바라며, 전기 사용가능토록 비록 배관 노출마감 일지라도 하자보수 조치해 주시거나, 안되시면 농막 반품처리 바랍니다. 만약 납득할 만한 후속조치 없을시 소비자보호원, 공정거래위원회 등에 민원제기 및 인터넷 농막 수요자들에게 온라인에서 ○○컨테이너의 하자 사례에 대해 공유 올리겠습니다.

업체 담당자는 내부적으로 대책 상의한 후 다시 연락 주겠다고 했습니다. 그리고 잠시 후 연락이 왔습니다. 업체 입장에서는 각 소요자의 취향에 맞춰 주문제작한 제품이기에 반품은 불가하다며, 대신 비록 배관이 노출되는 마감 형식일지라도 최대한 깔끔하게 신경 써서 전기설비를 강화도에 출장 와서 재작업해주겠다고 했습니다.

다만 작업반을 수배하는 데 시간이 좀 필요하니 며칠만 기다려 달라 요청했고, 저 역시 평일에는 업무로 더 이상 시간 내기 어려우니 주말인 토요일에 전기 보수작업 진행하기로 협의하고 일단 상황을 정리했습니다.

농막 전기설비 재작업

약속한 대로 농막 컨테이너 제조업체의 전기 작업팀 3명이 토요일에 강화도에 찾아왔습니다. 솔직히 그때까지만 해도 저는 화가 덜 풀려 있었고 작업팀이 나와 봐야 실력 없는 싸구려 인력이라 생각하며 색안경을 끼고 있었습니다.

전기 작업팀장과 만나 안전검사에서 지적된 사항을 다시 설명해주었고, 팀장은 걱정하지 말라며 완벽하게 다 보완해두겠다고 자신감을 보이며 작업에 착수했습니다. 저는 이미 불신감이 팽배한 상태였기에 못 미더워하며 작업하는 내내 계속 지켜보고 있었는데, 작업하는 모습이 전기를 잘 모르는 제가 보더라도 꼼꼼하게 잘 챙기는 것처럼 보였습니다.

여러 가지 지적사항 중 가장 큰 애로사항이 아마도 컨테이너 내부 전선들에 대한 보호배관 재시공 문제인데, 저는 단순히 기존 매입된 배선은 무시하고 모든 전원과 전등 배선을 내벽 마감재 외측으로 노출시켜 배관 재시공하는 수준으로만 생각하고 있었습니다.

그런데 작업반에서는 매우 꼼꼼히 배선 하나하나 살펴보며 현 매입된 상태에서 배관을 삽입하여 살릴 수 있는 곳은 시간이 좀 걸리더라도 매입 배관으로 보완하는 것이었습니다. 제가 봐도 엄청 오래 걸리고 힘들 것 같은데도 그리 꼼꼼히 작업하시니, 그 작업팀에 대한 신뢰도가 조금씩 생기기 시작했습니다.

거의 반나절 내내 전기배관과 씨름하면서 작업팀은 대부분을 매입배관으로 잘 보완했고, 컨테이너 내부 각파이프나 각재 등의 골조에 가로막혀 도저히 매입으로 배관 보완이 불가한 일부 구간은 최대한 미관에 신경 쓰면서 깔끔하게 노출배관으로 재시공해 주었습니다.

〈전기배관 재시공 / 임시 전력연결 확인 / 외부 접지선 교체〉

이 외에도 외부 접지 등 전기안전공사 검사원에게 지적받았던 모든 사항을 하루종일 작업하여 잘 보완조치 했으며, 최종적으로 완료상태 점검을 위해 임시로 전력선을 연결하여 전기시설을 잠시 사용해 봤습니다.

아주 잠깐 전기시설 점검 목적으로 임시 전력선을 연결했지만, 전기의 정식 사용은 반드시 안전검사 통과 후 전기 계량기를 설치한 이후에 사용해야 합니다. 혹여 이렇게 계량기 설치 없이 전기 사용하다 적발되면 법적 처벌을 받게 됩니다. 그래서 전기설비가 문제없이 잘 작동됨을 확인 후 다시 외부전력 인입을 차단했으며, 작업을 완료한 팀장에게 이런저런 부연설명을 들었습니다.

아침에 처음 작업을 시작할 때만 하더라도 저는 화가 덜 풀린 상태여서 굉장히 퉁명스럽게 대했었는데, 오후에 작업 마칠 때에는 꼼꼼하게 잘해준 것을 옆에서 지켜봤기에 기분 좋게 감사인사까지 드렸습니다.

그런데 이렇게 실력 있는 전기팀이 있는데 대체 왜 처음 만들 때 그 따위로 작업했는지 궁금했습니다. 팀장에게 자초지종을 설명 들었는데 알고 보니 본인들은 컨테이너 제조업체 소속이 아니랍니다.

컨테이너 제작할 때에는 그 회사 소속의 실력 없는 무자격자가 작업하였고, 이렇게 안전검사에서 문제가 크게 되니 그 회사에서는 자체적으로 조치할 능력이 안 되어 전기 전문업체인 본인들에게 외주용역을 맡긴 것이라 합니다.

그렇다면 대체 이렇게 대충 전기 작업을 했는데 여태껏 왜 한 번도 지적이 안 되었는지도 궁금했습니다. 그 이유를 명확히 알 수 없지만, 전기작업 팀장과 함께 추정해보기로는 다음과 같습니다.

컨테이너는 주로 가설 사무실 용도로 많이 팔리는데, 대부분이 기존에 승인받은 다른 건물의 분전반에서 전기를 따서 쓰는 개념이지 저처럼 이렇게 컨테이너에 직접 주택용 전기인입을 새로 신청하여 전기안전검사를 받는 경우는 흔치 않다고 합니다.

어쨌든 이렇게 잘 보완 완료되었고, 전기안전공사 검사원에게는 전기작업 팀장이 직접 전화하여 보완내용을 전문용어 섞어가며 잘 설명해주었고 문자메시지로도 작업사진을 보내주었습니다. 전기안전공사 검사원은 알겠다며 돌아오는 월요일에 바로 재검사를 나오겠다고 답변했습니다.

작업반은 정리해서 철수했고 저는 밭 돌 골라내기를 좀 더 하다 귀가했는데 가만히 보니 며칠 전 씨앗 뿌려둔 옥수수가 불과 4일 만에 싹을 피우고 있었습니다. 저는 농사의 '농'자도 제대로 모르지만 어쨌든 제 손을 거쳐 뿌려진 씨앗이 싹을 피우다니, 그것만으로도 참 감회가 새로웠습니다.

〈며칠 전 심은 옥수수 씨앗의 새싹〉

전기안전검사 합격, 강화 풍물시장

2020. 6. 15.(월) "강화 전기안전검사 통과, 1~2일 내 계량기 설치되고 전기사용 가능."

2020. 6. 17.(수) "4시 기상. 운동, 대학교 채점 업무. 9시에 가족출발. 강화. 가서 화로에 고기, 소시지 구워 먹고 라면 먹고 1시간 정도 작물 물 주고 둘 고르다가 14시 출발. 풍물시장 구경 한번 하고 우체국 들렀다가 16시 귀가."

주말이 지나고 월요일에 다시 전기안전검사가 나왔습니다. 이번에는 저는 일 때문에 입회 못하고 농막 열쇠 숨겨둔 위치를 검사원에게 알려주어 혼자 검사를 진행토록 했습니다.

예상했던 것처럼 주말에 깔끔히 보완작업을 해놔서 지적사항 없이 합격을 받았습니다. 검사원에게 연락이 와서 합격필증 스티커를 세대 분전반에 부착해두었으니 농막 오거든 확인하라는 것입니다.

바로 전기 외선공사 업체에 연락하여 전기안전검사 합격 되었으니 계량기 설치 및 전기인입 마무리 작업을 요청했습니다. 이미 전기인입 공사는 다 되어 있고 계량기만 설치하여 연결하면 되는 것이기에 바로 그날 오후에 설치해주었습니다.

이틀이 더 지나 수요일이 되어서야 시간 여유가 생겼습니다. 그래서 그날은 코로나19 여파로 며칠째 집콕(?)하고 있는 가족들을 데리고 강화도로 향했습니다.

농막 들어오자마자 전등부터 모두 다 켜봤습니다. 아주 환하게 비추는 게 마음이 같이 환해졌습니다. 사람은 참 단순한 동물인 것 같습니다. 이렇게 별것도 아닌 것에서 소소한 행복을 느끼니 말입니다.

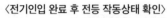

〈전기인입 완료 후 전등 작동상태 확인〉

분전반에 가보니 아래 사진과 같이 합격필증 스티커가 부착되어 있었습니다. 지난주 한 차례 불합격 받고 나서 얼마나 마음 졸였던지 기쁨은 더욱 배가 되었습니다.

〈분전반에 합격필증 부착〉

많은 분이 궁금해하는 것 중 하나가 전기요금인데, 전기요금은 매월 한차례 한전 검침원이 직접 방문해 계량기를 확인하여 그달의 전기 사용량을 체크합니다. 그걸 기준으로 전기요금 청구서를 작성해 전기가 사용되는 농막 주소지로 요금 고지서를 우편으로 보내줍니다.

이런 식으로 직접 전기요금 청구서를 수령해도 되지만, 한전으로 전화 한 통만 하면 요금고지서를 이메일로 수신할 수 있고, 또한 자동이체 신청도 가능하여 편리하게 처리할 수 있습니다.

〈전기요금 자동이체 신청 후 고지서 이메일 수신〉

전기요금은 그다지 많지 않습니다. 저의 경우 거의 주말마다 1박 2일 가 있는 편인데, 일반적으로 냉장고 외에는 모두 주말에만 잠시 사용하는 것이기에 전기요금이 보통 월평균 7~8천 원 정도 나옵니다.

전기시설이 잘 작동되는 것을 확인한 후 어차피 농장에 온 김에 농막에 미리 가져다 둔 작업복으로 갈아입은 후 밭일을 좀 했습니다. 또 밭 갈이하고 고랑파고 두둑 만들어 이번에는 열무 씨앗을 좀 심었습니다.

그리고 지난번 씨앗 뿌려둔 옥수수밭에 가보니, 벌써 옥수수 새싹들이 파릇파릇하니 쑥쑥 커가고 있었습니다. 생애 처음으로 씨앗 뿌려본 제 손에서 이렇게 옥수수가 무럭무럭 잘 자라다니, 지난번에도 느꼈었지만 생명은 참 신비롭습니다.

밭갈이 좀 했더니 슬슬 배가 고팠습니다. 가족과 상의하여 모처럼 야외에 나왔으니 고기를 숯불에 구워먹기로 했습니다. 농막에 전기에 이어 수돗물까지 나온다면야 더 바랄 게 없는 최상의 상태인데, 아쉽게도 아직 상수도는 들어오지 않았습니다.

차 타고 나가 10여 분 거리에 있는 외포리 마트에서 마실 물과 고기, 소시지, 라면 등을 사 왔습니다. 그런데 기껏 마트까지 가서 숯불구이 해먹겠다고 이것저것 사오면서 깜박하고 가장 중요한 숯을 사오지 않았습니다.

또 어쩔 수 없이 화로에 장작 집어넣고 모닥불을 피워, 활활 타오르는 이글거리는 불꽃에 고기와 소시지를 올려놓고 직화구이를 해먹고, 냄비에 생수 넣고 불에 올려 라면까지 끓여 먹었습니다.

〈밭고랑 파고 열무 씨앗 심기 / 더 자라난 옥수수 새싹들〉

〈화로에 소시지 직화구이와 라면으로 점심식사〉

　역시 밖에서 먹는 것은 무엇이든 다 맛있는 것 같습니다. 아이들도 맛있다며 허겁지겁 잘 먹어주었고, 저 역시 농사일로 허기가 많이 찼기에 아주 꿀맛으로 맛있게 먹었습니다. 수돗물만 나온다면 그냥 이 상태로 시원한 소맥 한잔 곁들이고 하룻밤 자고 갈 텐데, 아주 아쉬움이 컸습니다.

　직화구이와 라면으로 끼니를 때운 후 밭일을 좀 더 하다가 아쉬움을 뒤로 한 채 농막을 떠났습니다. 모처럼의 가족 모두 외출인데 그냥 이대로 돌아가기에 아쉬워 다른 데를 더 가보기로 했습니다.

농막 세컨드하우스에서 인천 송도의 집으로 돌아가는 길은 남쪽의 초지대교를 건너는 경로와 북쪽의 강화대교를 건너는 경로가 있습니다. 평소에는 남쪽으로 가면서 중간에 김포 대명항 수산시장에 자주 들르는데, 이날은 북쪽으로 가면서 읍내에 있는 강화 풍물시장에 들러보기로 했습니다.

그날이 마침 장날이라 가족들과 시장 구경 한번 제대로 해보자고 상의하고 풍물시장으로 향했습니다. 강화 풍물시장은 오일장이지만 기본적으로 상가 건물 안에서는 매일 영업을 하고, 상가 건물 밖에는 5일마다 지역 주민들이 모여들어 장터를 엽니다. 지역 사람들이 손수 키운 작물 등을 가지고 와 판매하는 것인데, 매달 끝 숫자가 2일과 7일로 끝날 때마다 장이 열립니다.

그날이 17일이어서 운 좋게 오일장이 열렸을 때 시장을 둘러보게 되었습니다. 시장 안에는 순무, 인삼 등 강화도를 대표하는 여러 가지 신기한 작물이 많았습니다.

시장 안으로 조금 더 들어가니, 전국적으로 유명한 장어구이 집 2군데가 있는데, 매장 이름이 좀 정겹습니다. '춘길이네'와 '창석이네'인데, 전국적으로 유명한 만큼 그날도 장어집 앞에 많은 사람이 줄 서 있었습니다.

많은 사람이 지켜보는 가운데 장어집 사장님들이 현란하게 숯불에 장어를 굽고 있었습니다. 보기만 해도 입에 군침이 돋았지만 좀 전에 먹은 고기와 소시지, 라면이 아직 다 소화되지 않은지라 아쉽게도 다음을 기약하며 기념사진만 찍고 나왔습니다.

〈강화 풍물시장 나들이〉

상수도인입 공사, 드디어 물 나온다! 첫 숙박

2020. 6. 19.(금) "4시 기상. 정리 후 6시 출발. 강화. 7시부터 상수도인입 공사 시작. 14시 완료. 읍내 나가서 차광막 등 몇 가지 구매. 외포리 마트 쇼핑. 마트 회 뜨는 것은 바가지. 창후항 이용. 시원한 맥주에 홀로 회 한접시. 저녁에 마누라와 애들 도착. 농막 내부에서 맥주 마시며 첫 숙박."

2020. 6. 20.(토) "7~9시 내가면 트래킹. 오후에 애들 수영장 설치. 물놀이. 정균이네 가족이 지나다 들름. 2시간 정도 수다. 정균네 가고나서 14시경 처가식구 도착. 오후에 밭일 좀 함. 열무심기. 저녁에 처가식구와 함께 고기 구워 먹고 회 먹고 놀다가 밤 9시 취침."

드디어 목 빠지게 기다렸던 상수도인입 공사하는 날입니다. 상수도 공사는 동절기 내내 신청이 밀려 있다가 3월 중순부터 밀린 순서대로 공사해주기 때문에 봄철에는 상수도 공사 신청해놓고도 대기하는 기간이 꽤 깁니다.

상수도인입 공사 신청방법은 각 지역 상수도 사업소에 가설건축물 축조 신고 필증을 지참하여 방문 신청하면 됩니다. 그러나 공사는 바로 진행이 안 되고 앞서 설명해 드린 바와 같이 좀 기다려야 합니다.

저의 경우에도 신청 후 근 40여 일 만에 공사 진행이 되었습니다.

공사하기 전에 실제 상수도 공사할 하도급 업체의 작업팀장이 현장 확인 후 신청인에게 전화 연락하여 공사일정을 협의하는데, 나름 공공발주 공사이다 보니 주말은 공사를 안 한다고 합니다. 그래서 부득이 평일 중에 미리 일정을 약속해놓고 그날의 제 업무일정은 모두 조정해 두었습니다.

공사하기로 약속된 금요일 새벽 일찍 인천 송도에서 출발하여 강화도에 도착하니 벌써 작업반들이 현장에 와서 준비하고 있었습니다. 현장에서 작업팀장을 만나 수도 계량기 설치 위치를 협의하고 7시 반부터 본격적으로 공사를 시작했습니다.

앞서 안내해드린 것처럼 상수도 사업소에서는 제 토지 경계에서 3m 이내 범위에 수도 계량기를 설치해 주고, 그 계량기까지만 수도배관을 연결해 줍니다. 계량기 이후부터 농막으로의 수도 연결은 각 신청인이 직접 수행해야 합니다.

〈상수도인입 공사 착수〉

우선 상수도 본선이 매설된 기존도로를 일시 차단하고, 도로포장 면을 컷팅 후 상수도관이 나올 때까지 굴착합니다. 상수도관이 노출되면

굴착기 장비는 이제 관로를 새로이 매설할 선형을 따라 계속 줄 파기를 해나가며, 어느 정도 굴착이 진행되면 배관공이 투입해 기존 관로에 T형 배관자재를 연결해 신설관로를 분기합니다.

〈기존 수도관로에서 신설관로 분기 / 신설관로 줄 파기〉

이어서 줄 파기된 선형에 따라 수도관을 연결시켜오고, 앞서 미리 협의된 위치에 수도 계량기를 매설합니다. 아래 사진이 계량기의 모습인데, 한쪽에서는 상수도관이 연결되어 있고, 반대편에는 배관을 연결시킬 수 있는 부속자재만 돌출되어 있습니다.

〈상수도 계량기 매설〉

계량기 이후부터는 신청인이 직접 배관연결을 하라는 것인데, 대부분 저처럼 농막으로 인입되는 급수배관을 정화조 공사할 때 미리 계량기 예정위치까지 뽑아두고서, 상수도 공사 작업팀장에게 담뱃값하시라며 2~3만 원 정도 쥐여드리면 계량기 매설할 때 제가 미리 뽑아놓은 급수배관을 같이 연결해주십니다.

나중에 알았지만, 이분들은 작업이 모두 끝나면 신청인에게 고객만족도 설문평가와 서명을 받아서 상수도 사업소에 제출해야 합니다. 당연히 불친절하게 응대하면 설문평가가 안 좋을 것이고, 그러면 상수도 사업소의 평가에서도 감점되어 일감 수주에 불리함이 발생되겠지요. 그렇기에 돈 좀 쥐여드리고 부탁하면 어지간해서는 잘 도와주십니다.

〈상수도 업체의 고객만족도 설문평가 / 설치 완료된 계량기〉

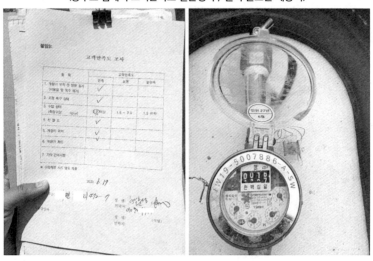

상수도 공사가 끝나면 작업팀장이 실제 수돗물이 잘 나오는지 확인하고, 계량기 작동상태는 물론, 수압까지 모두 체크하여 신청인에게 친

절하게 설명해줍니다. 그리고 신청인의 설문평가와 서명까지 받은 후 작업반은 철수합니다.

싱크대와 세면대에 물이 콸콸 쏟아지는 모습을 보니 아주 기분이 흐뭇해집니다. 특히나 변기 물이 시원하게 쫘~ 내려가는 소리가 아주 경쾌합니다. 전기에 이어 수도까지… 이제 저는 모든 것을 다 이루었습니다. 흡사 제가 서른 초반에 제 명의의 첫 집을 장만했을 때와 같은 그런 기분이 들었습니다.

상수도 작업반은 점심때가 좀 넘어 작업을 모두 완료하고 철수했습니다. 저는 상수도 연결 기념으로 가장 먼저 옥외 부동전에서 바구니에 물을 받아, 심어놓은 작물들에게 듬뿍 첫 물을 주었습니다. 깨끗한 수돗물을 먹어서 그런지 이날따라 심어놓은 작물들이 아주 윤택 있어 보이는 게 더욱 먹음직스러워 보였습니다.

마눌님과 아이들에게 수돗물이 콸콸 흘러나오는 동영상을 찍어 보내주니 다들 신기해하며 좋아했습니다. 그래서 문자를 주고받다가 얼떨결에 수도와 전기가 모두 인입된 기념으로 가족들과 농막에서의 첫날밤을 보내기로 결정했습니다.

마눌님과 아이들이 강화도로 넘어오는 동안, 저는 외포리 마트에 나가 고기와 회, 술과 물 등을 사 와서 테이블을 세팅했습니다. 예전에 캠핑 좀 다녔을 때 사두었던 캠핑용 테이블과 의자 등을 미리 농막에 가져다 두었었는데 이게 아주 요긴하게 쓰였습니다.

〈물이 콸콸 잘 나오는 야외 부동전 / 심어놓은 강낭콩〉

〈농막 세컨드하우스에서의 첫날 밤, 야외 바비큐〉

해가 서쪽으로 뉘엿뉘엿 넘어갈 무렵 가족들이 도착했습니다. 미리 바비큐 세팅이 끝났으니 구워 먹기만 하면 됩니다. 자연 속에서 눈앞에 보이는 멋진 해 질 녘 저수지 풍광을 바라보며 아주 환상적인 야외 바비큐를 즐겼습니다.

그렇게 시간이 흘러 해는 완전히 지고 어둠이 무르익을 무렵, 캄캄한 강화도의 밤하늘이 꽤 운치가 좋았습니다. 하늘에 별들이 어찌나 많이 보이던지, 흡사 예전에 판문점 인근 최전방에서 군 복무할 때 야밤에 탄약고 경계 근무서면서 쳐다봤던 밤하늘과 같았습니다.

이렇게 멋진 첫날밤에 모닥불까지 피워서 불멍 좀 때렸다면 금상첨화였을 텐데, 아쉽게도 장작을 미처 준비하지 못했습니다. 뭐 첫술에 배부를 수는 없는 것이지요. 앞으로 매주 올 건데 급할 것 없지요. 다음 주 불멍을 기약하며 농막 컨테이너로 들어갔습니다.

가장 먼저 수돗물로 샤워를 했는데, 마치 기분은 지하 100m에서 뽑아낸 천연 암반수로 샤워한 것과 같이 아주 청명하고 시원한 느낌이었습니다. 분명 인천 송도의 집에서 나오는 수돗물과 같은 물 일진데, 장소가 달라졌다고 이토록 더 청량하고 시원하게 느껴지다니 신기할 따름입니다. 샤워를 마친 후 농막에서 밥상 펼쳐놓고 마눌님과 시원한 맥주 한 잔 더 즐기다 행복한 기분으로 잠자리에 들었습니다.

다음날, 저는 아침 일찍 해 뜨자마자 농막에서 15분이면 도착하는 바닷가 해안 둘레길로 산책하러 나갔습니다. 산책하러 가는 길에 제 토지와 농막 컨테이너가 보이는데, 그 앞에 펼쳐진 저수지와 산의 배경이 아주 멋들어져 보였습니다.

산책 후 라면으로 아침 겸 점심을 먹고, 슬슬 6월 말의 뜨거운 태양이 떠오르기 시작해서 며칠 전 코스트코에서 미리 사두었던 12만 원짜리 아이들 간이 수영장을 농막 옆에 설치했습니다.

간이 수영장에 수돗물 가득 채우고 머리 위에 타프 쳐서 그늘막을 만들어 주니 아주 멋진 물놀이장이 탄생했습니다. 이곳에 풍덩 뛰어들어 아이들과 재미있게 물놀이를 즐겼습니다.

〈아침 산책 중에 촬영한 농막 세컨드하우스〉

〈어린이 수영장 설치하여 아이들과 물놀이〉

　신나는 물놀이로 허기가 질 무렵, 화로에 숯불을 지피고 고기를 구웠습니다. 6월 강화도에는 병어가 끝물인데 마침 창후항 어판장에 들러보니 아직 병어 활어가 몇 마리 남아있어서 삼겹살과 함께 화로에 올렸습니다.

　이날 오후에 처가댁 식구들이 제 농막 세컨드하우스에 첫 손님으로 놀러 왔는데, 한쪽에서는 어른들이 화로에 둘러앉아 고기와 생선을 구워 먹으며 즐겁게 낮술 한잔하고 있고, 다른 한쪽에서는 아이들이 사촌 형제들과 함께 삽질(?)을 하며 재미있게 흙장난하고 있었습니다.

생각해보면 요즘 아이들이 과연 언제 이렇게 자연 속에서 흙 만지고 풀 뽑으며 놀아봤을까요? 도시 아파트에서만 태어나 자라왔기에 이런 놀이 환경은 처음일 것입니다.

흙장난하며 천진난만하게 즐거워하는 아이들을 보며 역시 토지를 사서 농막 세컨드하우스 만들기를 아주 잘했다는 만족감이 다시 한 번 느껴졌습니다.

〈병어와 삼겹살 구이 / 사촌 형제들과의 흙장난 놀이〉

그렇게 즐거운 시간이 흘러 또 해가 지고, 농막 세컨드하우스에서 두 번째 밤을 맞았습니다. 놀러 온 처가댁 식구들 역시 해 질 녘 황금빛으로 물든 멋진 저수지 풍광을 바라보며 매우 좋아해 주었고 밤에는 화로에 모닥불을 지펴, 어제 못해 아쉬웠던 불멍도 때리면서 강화도 농막 세컨드하우스에서의 두 번째 밤을 보냈습니다.

〈강화도의 밤, 모닥불 피워 불멍〉

　지금까지는 농막 세컨드하우스에서 첫날밤에 대한 저의 즐거웠던 기억이고, 이제는 농막 활용과 관련하여 원론적인 법적 이야기를 좀 해보겠습니다. 원칙적으로 농지법에 의하여 농막은 주거의 용도로 사용이 불가합니다. 농사를 위한 창고나 잠시 휴식의 기능만 가능한 것이지요.

　그래서 시골 현지인 중에 성격이 까칠하신 분은, 이렇게 주말마다 외지인들이 농막에 우르르 몰려와 놀고먹고 마시는 것을 꼴 보기 싫어하시는 분들도 계시는데, 이분들이 농막에 대해 법적 기준을 위반했다고 군청에 민원 넣을 수도 있습니다.

　제 토지 주변에는 현지인 주택이 없는 한적한 곳이라 문제 된 적 없었지만, 혹여 토지를 현지인들이 생활하는 주택가 주변에 구하신 분들은 상당히 이웃들 눈치를 좀 보셔야 할 것입니다.

　군청 공무원 입장에서는 어쨌든 이렇게 현지인의 민원이 접수되면 일단 무언가는 액션을 취해야만 하는데, 외지인이 농막에 전입신고까지 해두고 아예 살림 차려 집처럼 쭉 거주하는 게 아니라면 마땅히 뭐라 조치할 수 있는 게 없습니다.

농장에 휴일 동안 농사를 지으러 왔고, 집이 매일 오가기 멀어 주말에만 어쩌다 하루 숙박한 것 가지고 법령 위반이라 할 수는 없겠지요. 지인들 불러 바비큐 해 먹는 것에 대해서도, 농사 일손이 부족해 지인이 와서 일 도와준 것이고, 일 도와준 게 고마워서 저녁에 고기 좀 구워주었다고 하면은 그 또한 마땅히 법령위반이라 지적하기 어려울 것입니다.

그래서 현지인의 민원이 접수되면 공무원이 가장 많이 취하는 조치는 농지법이나 건축법 위반사항을 찾아내어 지적하는 것입니다.

구체적으로 예를 들자면, 지목이 농지인데 토지 위에 농작물은 없고 잔디나 조경수 심고, 바닥에 원목 데크 넓게 깔아두는 등 누가 봐도 농막이 아닌 전원주택 용도로 사용하고 있다던가, 또는 가설건축물 신고되지 않은 원두막이나 파고라, 비닐하우스 등을 설치해두었다던가 등이 그에 해당합니다.

그래서 현지 주민의 민원이 들어오면 이런 불법사항을 근거로 우선 사전 경고장을 보내고, 경고장의 기일 내에 위반사항 개선조치를 안 하면 농지 원상복구 행정명령을 내립니다. 행정명령을 받고도 조치를 하지 않으면 그때부터는 지속적으로 과태료가 부과되며, 무엇보다도 강력한 조치가 가설건축물 갱신 신고를 승인해주지 않는 것입니다.

농막과 같은 가설건축물은 3년 주기로 갱신 신고를 해서 승인받아야 하는데 과태료 받은 전력이 있으면 지자체 조례를 근거로 갱신 승인을 해주지 않는 경우가 있습니다.

그러니 농막 활용에 대해 결론을 정리하자면, 매일 거주하는 게 아니라면 친척이나 지인들이 가끔 와서 놀다가 가는 건 문제 없으나(단, 농사일 도와주러 왔다는 명목으로), 데크, 비닐하우스 등 불법 시설물을 설치하거나 잔디와 조경수를 가꾸는 등 농지를 불법 전용한 것이 지적될 경우에는 과태료 부과 대상에 해당되고, 최악의 경우 3년 후 갱신 승인이 안 되어 기껏 돈 들여 만들어놓은 농막시설을 철거해야만 할 수도 있으니, 이를 참고하여 이웃 현지 주민들이 민원 넣지 않도록 평소 원만한 관계를 유지해야 합니다.

3장

농막 세컨드하우스 활용

5절

5도2촌 주말농장

강화읍 유적 답사, 석모도 힐링 여행

2020. 7. 3.(금)~4.(토) "13시 출발. 강화읍 탐방. 풍물시장에서 장어 4만 원어치 포장해서 농막. 농사일 좀 하고, 농막 안에서 장어구이, 라면에 소맥. 취침. 다음날 6시 기상. 7시부터 자전거 타고 석모도 여행. 보문사까지 갔다가 12시 농막 귀환. 정리 후 15시 귀가."

전기에 이어 수도까지 완비되니 이제는 주말마다 부담 없이 강화도에 갈 수 있었습니다. 이제는 강화도에 완전한 안식처가 생겼다는 생각에, 마음의 여유를 가지고 강화도 내 명소를 좀 적극적으로 답사해보고 싶어졌습니다.

그래서 이날은 금요일 오전에 서둘러 일을 마치고 오후부터 강화읍에 도착하여 역사 유적지들을 우선 둘러보았습니다. 강화도는 몽골등 외세의 침입이 있을 때마다 임금들의 피신처 역할을 하던 섬이기에 섬 곳곳에 많은 역사 유적지가 남아 있습니다.

그중에서도 특히 강화읍에는 고려~조선 시대의 궁궐터 및 성곽이 아직도 고스란히 그 형태를 유지하고 있습니다. 이러한 역사의 발자취를 따라, 고려 궁지부터 시작하여 강화읍성 성곽을 유유자적하게 걸어

봤습니다.

고려~조선 시대의 유적지 외에도 근대 개화기에 김구 선생님이 잠시 몸을 위탁했던 강화도 유지의 고택이나, 개화기에 처음 건립된 성당 등 다양한 유적지를 둘러보며 다녔더니 금방 배가 고파졌습니다.

〈강화읍 고려궁지 및 강화읍성 성곽〉

어차피 저녁에는 농막 세컨드하우스에서 하루 숙박할 생각이었으니 지난번 눈으로만 봐두었던 강화 풍물시장의 장어구이 집으로 향했습니다. 장어구이 가격은 시세에 따라 조금씩 변동되는데, 이 당시에는 1kg에 55,000원이었습니다. 이날은 저 혼자서 먹을 것이라 1kg은 너무 많을 것 같아, 장어구이집 사장님과 협상하여 4만 원어치만 포장해서 농막으로 들어왔습니다.

농막에서 상을 펴고 장어구이를 구워 먹으니 이 또한 새로운 세상이었습니다. 일몰이 떨어지는 황금빛 저수지 풍광을 바라보며 홀로 구워먹는 장어의 맛은 아주 기가 막혔습니다. 그렇게 그날은 장어 맛에 취해, 풍경에 취해, 막걸리에 취해, 기분 좋게 하루를 마무리했습니다.

〈풍물시장 장어구이를 포장하여 농막에서 구워 먹음〉

다음 날 아침, 잠에서 깨자마자 생수병 하나 달랑 들고 자전거 타고 석모도로 향했습니다. 이번에는 우리나라의 3대 관음 성지로 불리는 석모도의 낙가산 보문사를 가보고자 했습니다.

자전거를 타고 한참을 가다 보니 민머루 해변을 나타내는 이정표가 보였습니다. 시간도 많으니 앞으로 아이들 데리고 놀러 오기 전에 미리 답사한다 생각하고 해변에 들렀습니다.

작고 아담한 해수욕장에는 아직 해수욕하기에는 이른 시기이지만 몇몇 사람이 텐트를 쳐놓고 모래사장에서 바닷바람과 햇살을 즐기고 있었습니다. 주변에 편의시설이 있을 것은 다 있기에 여름휴가 때 오면 한적하니 잘 놀다 갈 수 있겠다는 생각이 들었습니다.

해변을 벗어나 자전거를 계속 달리니 이번엔 장구항이 나왔습니다. 마침 공복 상태라 배도 고팠기에 장구항에 들어가 아침 장사하는 가게에서 회덮밥을 한 그릇 맛나게 비벼 먹고 다시 보문사로 향했습니다.

〈자전거 석모도 하이킹, 민머루 해변〉

〈장구항에서 회덮밥 먹은 후 보문사로〉

　보문사에는 산 중턱에 있는 눈썹바위가 유명한데, 멀리서 낙가산을 쳐다보면 마치 움푹 들어간 눈과 눈썹의 형상으로 바위가 형성되어 있어 그리 불린다고 합니다. 그 바위를 쪼아내어 암각화 형식으로 부처님의 형상을 새겨 넣었는데, 보문사까지 와서 눈썹바위 암각화를 안 보고 가면 입장료가 너무 아까울 것 같아, 계단을 따라 눈썹바위를 향해 올랐습니다.

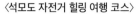

〈석모도 자전거 힐링 여행 코스〉

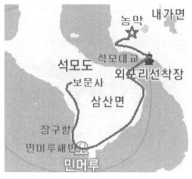

　멋진 서해바다의 풍광을 즐기며 한참을 계단 따라 눈썹바위에 올랐습니다. 이른 오전시간 임에도 수많은 불자님들이 벌써 눈썹바위에 올라 기도를 올리고 있었습니다. 계단 타고 한참 올라오느라 힘이 들기는 했지만, 풍경이 너무 좋아서 피로는 금방 잊어버렸습니다.

〈낙가산 보문사 눈썹바위의 암각화〉

　점심시간 될 즈음 다시 농막으로 돌아와서 좀 쉬고, 농작물에 잡초도 좀 뽑고, 물도 주고, 김매기도 한 번 더하고 시원한 수돗물로 상쾌하게 샤워 한번 때린 후 가벼운 마음으로 귀가하였습니다.

농막에 도로명 주소 신청

비록 주말에만 가지만 농막을 지어놓고 텃밭을 일구다 보면 비료부터 시작해서 농기구 등 이것저것 택배로 받아볼 것이 많이 있습니다.

강화도 현지 업체를 통해 배달시키는 것은 별문제없이 농막의 지번 주소만 알려줘도 배달되는데, 택배로 배달시키는 온라인 쇼핑의 경우 도로명 주소가 없으면 배달이 안 되는 경우가 종종 있습니다.

그래서 도로명 주소를 만들 수 있는지 알아보았는데, 농막은 가설건축물이고, 가설건축물도 법적으로는 건축물에 해당하기에 군청민원실에 방문해서 담당 공무원에게 가설건축물 축조 신고필증과 건축물의 현황 사진을 보여주고 도로명 주소 신청서를 제출하면, 농막에 도로명 번호를 부여해주고 주소 표지판을 만들어 준다는 것입니다.

어려운 것 하나도 없습니다. 그냥 군청 민원실에서 설명해주는 방법대로 신청서에 인적사항만 잘 작성해서 제출하면 2~3일 후 민원처리 완료되었다며 도로명 주소 표지판을 수령하러 오라고 연락이 옵니다.

〈군청 민원실에서 도로명 주소 신청〉

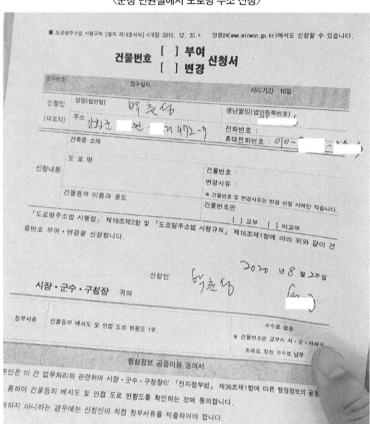

〈도로명 주소 발급 후 안내 고지문〉

도로명주소 고지문

일련번호 : ▨▨▨▨3

「도로명주소법」 제18조제2항에 따라 귀하께서 소유하거나 점유하고 있는 건물등의 도로명주소를 아래와 같이 알려드립니다.

○ 고지대상자 :   박춘성
　　　　　　　　　인천광역시 ▨▨▨▨▨▨▨▨▨▨▨▨▨▨ (송도동)

종전주소	인천광역시 강화군 ▨▨면 ▨▨리 472-7
도로명주소(새주소)	인천광역시 강화군 ▨▨면 ▨▨로 ▨▨번길 59-4

○ 도로명주소 부여(고시)일 : 2020-08-31
○ 도로명 고시일 :   2009-03-02
○ 도로명 부여사유 : ▨▨▨▨로의 시작지점에서부터 약 3,850m지점에서 왼쪽으로 분기되는 도로

◇ 도로명주소는 2020년 08월 31일 로 고시된 후 법정주소로 사용 됩니다.
◇ 도로명 또는 건물번호의 변경신청은「도로명주소법 시행령」제7조의3 및 제9조에서 정한 절차에 따르며, 고지내용의 정정 등 기타 자세한 내용은 아래로 문의하여 주시기 바랍니다.

※ 문의처 :   강화군청 민원지적과 (☎ 930-3267)

2020년 08월 27일

강화군

그러면 흔히 볼 수 있는 파란색의 도로명 주소 표지판을 제공해 주는데, 이 표지판을 출입문이든 건물 외벽이든 원하는 곳에 잘 보이게 부착하고 이를 사진 찍어 군청의 담당 공무원에게 문자메시지로 전달하면 끝입니다. 표지판은 아크릴 재질인데 뒷면이 접착 스티커로 되어 있어, 부착할 면의 이물질을 잘 닦아낸 후 붙이면 그냥 잘 붙어있습니다.

농막 외벽에 도로명 주소 표지판 하나 붙였을 뿐인데, 이게 뭐라고 괜스레 기분이 좋아집니다. 마치 제 농막이 국가로부터 정식으로 인정받은 듯한 느낌이랄까? 하여튼 별 쓸데없지만, 괜히 기분은 좋습니다.

〈도로명 주소 표지판 수령 및 부착〉

이날 도로명 주소 표지판 수령하러 군청에 갔다가 마침 시간 여유가 좀 있어서 인근 건축사사무실에 들러 건축에 대한 견적 상담을 좀 받았습니다.

통상 군청 인근에는 토목설계사무소와 건축사사무소가 바글바글 몰려있습니다. 이들의 주 수입원은 군청을 상대로 각종 인허가를 대행해주는 것인데 그러다 보니 이렇게 군청 가까이 붙어있어야 업무가 수월하기 때문입니다.

저는 그냥 별생각 없이 군청에서 가장 가까이에 있는 건축사사무소에 들어가 문의를 했습니다. 농지에 건축하려면 개략 비용이 얼마나 필요할지 물어봤는데, 여기 건축사사무소도 저와 같이 한번 떠보는 식으로 물어보는 사람들이 많은지, 다소 불친절하게 그냥 대충 간단히 답변해 주었습니다.

연면적 18평의 2층 콘크리트 구조로 건축한다는 가정으로 봤을 때, 설계 및 인허가 대행 비용으로 약 700만 원 정도 소요되며, 이 외 농지 전용부담금은 토지 공시지가의 30%, 그리고 건축 시공비는 개략 평당 550만 원 소요된다 합니다.

그러면 계산해보니 건축 시공비만으로도 약 2억 원, 그 외 설계 및 인허가 비용과 농지전용부담금, 각종 부대비용 등을 감안하면 총 2억5천만 원 정도가 예상되었습니다.

콘크리트 구조가 아니라 목구조 또는 스틸구조일 경우에는 건축 시공비가 약 평당 300만 원 정도로 조금 절감은 가능하다는데, 어쨌든 코딱지만한 18평짜리 2층 건물 짓는데 만도 최소한 1억 원 이상 소요된다 하니, 그냥 그 돈으로 더 큰 농지를 더 사서 고급 복층 농막 하나 가져다 두고 농사나 짓는 게 더 합리적이겠다고 생각했습니다.

어차피 강화도에 자주 와봐야 주 1~2일이고, 또한 건축물은 시간이 지나면 지날수록 가치가 떨어지는 감가상각 품목인데 반해, 토지는 시간이 지날수록 가치가 올라가는 현물 자산이기 때문입니다.

나중에는 어떻게 또 생각이 바뀔지 모르겠지만, 일단 이 글을 쓰고 있는 현재까지 제 생각은 건축보다는 농막이 현실적이고 실용적이어서 가성비가 훨씬 좋다고 생각합니다.

건축비용에 대해 알아본 후 군청 인근 읍내의 종묘상과 철물점에 들렀습니다. 이제 8월이니 하반기 파종이 적합한 농작물을 몇 개 더 심어보기 위해서였습니다.

종묘상 사장님에게 물어보니 가을에는 당근과 시래기 무, 총각무, 파 등을 심으라고 추천해 주시네요. 씨앗을 사다가 텃밭에 추가로 심었습니다. 이제는 밭고랑 파고 두둑 만들고 씨앗 뿌리는 일이 어느 정도 손에 익은 것 같습니다. 낯설지 않고 자세가 바로 나옵니다.

농사일이란 참으로 신비롭고 경이로우며 재미있는 과정이기는 한데, 온몸에 땀이 주룩주룩 흘러내리고 근육 당기고 뼈마디가 힘든 것을 보면 아직 저에게 농부의 삶은 한참 멀어 보입니다.

〈당근, 무, 파 등 가을철 농작물 심기〉

　농사일로 허기가 지자 화로에 불을 지펴 이번에는 최근에 구입한 무쇠 솥뚜껑에 고기를 구워봤습니다. 어디서 주워본 건 있어서 인터넷으로 약 5만 원을 주고 무쇠 솥뚜껑을 하나 구입했습니다.

　솥뚜껑 위에 삼겹살이 금방 지글거리며 익어 그 바싹한 맛에 우선 행복감을 느꼈으며, 솥뚜껑을 뒤집어 생고기를 넣은 라면 전골을 끓여 얼큰한 국물 맛에 또한 행복감을 느꼈습니다. 그야말로 일타쌍피의 환상적인 요리였습니다.

〈무쇠 솥뚜껑을 이용한 삼겹살 구이와 라면 전골〉

　참고로 솥뚜껑을 처음 구입하면 표면부에 녹가루도 있고, 공업용 오일 등이 발라져 있어 그대로 사용하시면 건강에 해롭습니다. 그래서 처음 사용할 때는 물로 깨끗이 세척한 후 불에 달구어 소독하면서 솥

뚜껑 표면에 돼지비계나 식용유 등을 계속 발라 문질러 주어 길들이기를 해주어야 합니다.

이렇게 무쇠 솥뚜껑에 구워 먹는 삼겹살도 참으로 별미이지만 한 가지 큰 단점이 있는데, 아무래도 화로에 직접 올려 구워 먹는 것이다 보니 화력조절이 어렵습니다.

그래서 어느 정도 달궈지면 솥뚜껑의 열기가 너무 강해서 고기가 금방 타버립니다. 그렇기에 마치 샤부샤부처럼 육수에 고기를 잠시 넣었다가 빼서 먹듯이, 솥뚜껑도 삼겹살을 소량씩 올려 타기 전에 바로바로 먹어야 제맛을 느낄 수 있습니다.

인터넷으로 무쇠 솥뚜껑을 살 때 같이 구매한 게 있는데, 바로 호프집 야외 플라스틱 테이블과 의자 세트입니다. 몇 번 사용해보니, 이게 바로 최적의 농막 아이템이라는 생각이 듭니다.

캠핑용 의자나 테이블은 아무래도 휴대성을 확보하기 위해 내구성이나 편리성에서는 다소 부족함이 있는데, 이 플라스틱 테이블과 의자는 휴대하고 다니기는 어렵지만 저처럼 농막 세컨드하우스를 이용하는 사람에게는 가히 최고의 활용도로 가성비가 아주 좋다고 생각됩니다.

〈가성비 좋은 호프집 플라스틱 테이블과 의자 세트〉

일단 가벼워 보관이나 이동이 편리하고, 가격도 저렴하니 별 부담이 없습니다. 테이블은 약 2만 원이면 구입할 수 있고, 의자는 개당 8천 원 정도면 되는데 이것들을 아주 요긴하게 잘 쓰고 있습니다.

손님들이 놀러 올 것까지 감안해, 테이블과 의자 3개 세트만 구비해 둬도 아주 편리하게, 마치 호프집 야외 바비큐장과 같은 분위기를 만 끽할 수 있답니다. 또한 평소 저 혼자 있을 때는 농막 내부에 테이블과 의자를 넣어서 노트북이나 책 올려두고 사무업무 보는 용도로도 요긴 하게 잘 활용하고 있습니다.

이날의 일정을 마치고 귀가하는 길에 또 제 최애 어시장인 대명항에 들렀습니다. 대명항은 100% 직접 잡은 자연산만 취급하다 보니 여름 철에는 생선회가 없지만 참소라가 아주 제철입니다.

가격도 쌀 때는 1kg에 5천 원까지 저렴하며, 가게에 찜 쪄 달라고 하 면 추가비용 없이 쪄주기도 하고, 회 떠 달라고 하면 회로 썰어주기도 합니다. 여름철에는 거의 매주 대명항에 들러 참소라 회를 떠서 맛있 게 먹었던 기억이 납니다.

태풍 피해

농막과 같은 가설건축물의 가장 큰 걱정거리는 아마도 태풍 피해 일 것입니다. 뉴스를 보면 태풍 때마다 제주도나 여수, 부산 등지에서는 건물 지붕이 뜯겨나가고, 벽체가 날아가는 등의 화면이 많이 나오지요. 정식으로 허가받은 본 건축물도 그럴진대 컨테이너 하나 달랑 가져다 놓은 가설건축물은 괜찮을지 걱정될 것입니다.

지역마다 태풍에 의한 피해 정도가 다르겠지만 제가 터 잡은 강화도의 경우는 평소에 바람이 좀 부는 편이지만, 태풍의 영향은 자주 받지 않습니다. 우리나라에 들어오는 대부분의 태풍은 제주도 쪽으로 북상하다 경상도를 거쳐 동해안으로 빠져나가는 경우가 일반적입니다.

물론 서해안을 타고 강화도에 직격으로 몰아붙이는 태풍도 있기는 하지만, 수년에 한 번 있을까 말까 하는 정도이지요. 그런데… 수년에 한 번 있을까 말까 하는, 서해안을 타고 올라와 강화도를 직격하는 태풍을 2020년 8월에 맞이하게 되었습니다.

2020년 제8호 태풍 '바비'가 그 주인공인데, 서해안을 타고 북상하다가 태풍의 눈이 강화도를 관통하고 북한으로 상륙해 소멸하였습니다. 태풍이 강화도에 상륙하는 날에는 농막 설치 후 처음 맞이하는 태풍에 대한 걱정으로 잠을 이루지 못했었습니다.

우선 사람의 안전을 위해 태풍 때에는 농막에 가지 않고 인천 송도의 자택에 있었는데, 도심지도 매우 강한 비바람으로 가로수가 뽑히는 등 여기저기 피해가 좀 있었습니다.

태풍이 지나간 다음 날, 걱정스러운 마음에 강화도 농막으로 향했습니다. 걱정을 많이 하고 갔는데 다행히 별 피해가 없었습니다. 주변에 테이블이나 의자, 천막 등의 집기류는 강풍에 여기저기 흩어져 있었지만, 농막 본체는 크게 손상된 것이 없었습니다.

유리창도 깨진 것 하나 없었고 컨테이너가 강풍에 밀리거나 들리지도 않았습니다. 그래도 자체중량이 약 4~5ton이니, 어지간한 태풍에도 잘 버틴 것 같습니다.

혹시 전기나 수도 등 설비에 문제 있을까 싶어 점검했는데, 가만히 보니 다음 사진과 같이 옥외등 기구의 전기배관 역할을 하는 철제 프레임이 일부 부러져 있었습니다. 그나마 다행히도 프레임만 파손되고 전기 배선은 양호하여 기능과 안전에는 문제가 없었습니다. 이 외에는 전혀 별다른 피해가 없어서 다행이었지만, 다만 옥외등 파손 부가 제작한 지 얼마 안 된 새 농막 컨테이너에 '옥의 티'처럼 흠으로 남게되어 아쉬움이 있습니다.

〈2020년 제8호 태풍 '바비' 피해현황 - 옥외등 파손, 작물 뽑힘〉

시설물에 큰 문제 없음을 확인했으니 우선 안도의 한숨을 내쉬고, 텃밭 작물에는 피해는 없는지 찬찬히 둘러봤습니다. 일부 옥수수가 강풍에 넘어지기도 했고, 당근 일부가 뿌리째 뽑혀 바닥에 널브러져 있기도 했습니다.

그래서 넘어진 옥수수는 다시 세워 북돋기를 해주었고, 완전히 뿌리째 뽑힌 옥수수와 당근은 이참에 맛 한번 보고자 아에 수확을 해왔습니다.

옥수수는 생으로 먹을 수 없지만, 당근은 물로만 닦아내어 바로 먹을 수 있기에, 당근을 수돗물에 씻은 후 한 입 베어 물어봤는데 달짝지근하니 그 맛이 아주 신선하고 좋았습니다. 비록 손바닥만 한 작은 크기였지만 그래도 제 손길로 직접 재배한 농작물이라 그런지 맛이 참 좋았습니다.

이번 태풍을 겪으면서, 어느 정도 태풍에 대한 대응 방법을 학습하게 된 것 같습니다. 농막 시설물은 강풍에 흔들릴만한 외벽등 같은 것은 더 단단히 보강해 두고, 바람에 뽑힐 만한 농작물은 미리 수확하거나 아니면 북돋기를 단단히 해주면 될 것 같습니다.

정화조 준공이 안 되어 속 썩임

5월에 토지 매수하여 6월부터 농막 컨테이너 설치부터 전기, 수도 등 하나하나 일 처리하였는데, 마지막으로 정화조만이 제대로 마무리가 되지 않고 있었습니다. 정화조 설치를 6월 초 진즉에 공사했음에도 불구하고 준공 인허가처리가 되지 않고 있는 것이었습니다.

그 이유는 황당하게도 업체 담당자가 잠수를 타서 연락이 안 되기 때문이었습니다. 그 담당자가 6월에 말하기로는 원래 인허가 처리하는 데 시간이 좀 걸리니 6월 말까지 기다려 달라 했는데, 7월에는 최근 장마로 군청의 환경위생과 담당 공무원들이 바빠서 준공검사를 못 나오고 있다고 7월 말까지 기다려 달라, 말하고, 8월에는 본인 와이프가 건강이 안 좋아 수술을 앞두고 있어 정신없다며 꼭 8월 말까지 끝내겠다고 믿고 기다려 달라 했는데, 결국 8월 중순부터는 아예 연락도 되지 않고 잠수를 타버렸습니다.

3개월간 믿고 기다렸는데 이제 더는 지체할 수 없었습니다. 무언가 특단의 조치를 취해야 했습니다. 그런데 생각해보니 제가 그 회사에 대해 알고 있는 정보가 전혀 없었습니다. 담당자인 상무의 명함 외에는 알고 있는 정보가 없는 것입니다.

조그만 시골 동네에서 한 다리 건너면 다 아는 사람인데 설마 사기를 치겠냐는 순진한 생각으로 그 회사에 대한 별다른 사항을 확인해 보지 않았던 것이었습니다.

그제야 이 회사에 대해 상세히 알아보려 했는데 인터넷 검색해도 워낙 영세한 업체라 검색도 되지 않았고, 받아둔 명함의 사무실 전화는 받지도 않고, 사무실 주소도 일반 가정집 빌라였습니다.

고심 끝에 이 업체를 포함하여 2개 업체를 소개해 준 강화군청의 환경위생과 담당 공무원에게 전화 상담을 해봤습니다. 자초지종을 설명하고 어찌해야 될지 조언을 구했습니다.

특히나 그 잠수 탄 업체 상무가 '군청 환경위생과 공무원이 바빠서 준공검사 안 나온다'라고 담당 공무원에게 책임전가하며 사기 치고 있다는 것을 강조해서 설명했습니다.

업체 담당자가 잠수를 탔는데, 군청 공무원이라고 특별한 방도가 있겠냐만은, 그래도 어느 정도 성과는 있었습니다. 딱히 해결할 수 있는 묘책은 없지만 일단 사정은 알겠으니 주말에만 사용하는 조건으로 비록 준공은 안 되었지만 정화조 시설은 우선 사용하라며, 어찌되었든 정식 준공을 받지 않으면 불법 무허가 시설이기에 빨리 해결방법을 찾으라고 공무원의 답변을 들었습니다.

군청 공무원의 배려로 일단 급한 대로 화장실 시설 사용은 허락받았으나 하루속히 준공까지 마무리를 지어야 했기에, 고심 끝에 내용증명을 작성했습니다.

뒤에 첨부한 내용증명 샘플을 보면 알겠지만, 업체와 연락이 되지 않는 제 상황에서는 이 업체를 소개해준 군청에도 같이 책임을 묻는 '물귀신' 작전을 쓸 수밖에 없었습니다.

정 잘못되어 정화조 준공이 불가능해 제가 손해를 보더라도 최소한 그 업체가 다시는 강화군에서 발붙이지 못하도록 만들 요량이었습니다. 내용증명 초안을 작성하고 군청 등 관계자들에게 발송하기 직전에 마지막으로 군청 환경위생과 담당 공무원에게 한 번 더 전화를 걸었습니다.

관계기관 및 관계자들에게 내용증명 발송 등 지금 제가 취할 행동과 추후 법적 소송까지 할 예정이라며 자초지종을 설명했는데, 마침 그 업체에 새로운 직원이 채용되어 저와 같이 준공처리 안 된 민원들을 조치해주고 있다는 소식을 들었습니다.

〈정화조 준공처리 지연에 따른 내용증명-1〉

내 용 증 명

제목 : 정화조 시공 관련 계약사항(설치신고/준공검사) 이행 최종 통고

수신인 : ▨▨산업주식회사 ▨▨▨ 대표이사(032-934-▨▨▨), 인천광역시 강화군 강화읍
　　　　▨▨산업주식회사 ▨▨▨ 상무(010-▨▨▨), 인천광역시 강화읍 ▨▨▨
　　　　인천광역시 강화군청 환경위생과 오수관리팀 ▨▨▨ 주무관님(032-930-▨▨)

발신인 : 박춘성(010▨▨▨▨). 인천광역시 ▨▨▨▨▨

대상물 : 인천광역시 강화군 ▨▨면 ▨▨리 472-7 내 오수정화조 인허가 건

　　본인(박춘성)은 본인 소유의 농지인 위 대상물 주소지에 원활한 농업활동을 위한 농막(컨테이너 구조)을 설치하고자 적법한 절차로 가설건축물 축조 신고 필증을 교부받고 농막을 설치하였습니다.

　　이와 동시에 2020.05.15.(금) 15시경 강화군청 환경위생과 오수관리팀의 담당 공무원님과 면담을 통해 정화조 설치가 가능하다는 의견을 질의회신 들었으며, 강화군청에 등록된 ▨▨▨▨ 주식회사 등의 정화조 시공 및 관리업체 명단을 첨부.1(사진)과 같이 추천받았습니다.

　　이를 바탕으로 ▨▨▨ 주식회사에 견적의뢰를 하여 .▨▨▨ 상무님과 2020.05.27.(수) 현장답사를 거쳐 2020.05.31.(일) 설치신고 및 준공검사 비용까지 포함된 첨부.2(견적서)를 접수받고 구두계약(녹취자료 있음)으로 2020.06.06.(토)에 오수합병 정화조 설치공사를 진행하였습니다.

　　2020.06.06.(토) 정화조 설치공사 중에 ▨▨▨ 상무님의 선금지급 요구가 있어, 2주 이내 설치신고 및 준공검사까지 완료하는 조건으로 해당 공사비 전액을 교부하였습니다.

　　그런데 정화조 시공 이후 2개월 이상 경과된 현재까지도 ▨▨▨▨주식회사에서는 견적서에 포함된 계약사항인 설치신고 및 준공검사를 이행하지 않고 있으며, 특히 최근에는 본인(박춘성)의 전화통화 및 문자메시지(카카오톡 포함)에 수신하고도 일체 연락에 응하지 않는 등 본인의 협의 해결을 위한에도 반응을 보이지 않고 있는 실정입니다.

〈정화조 준공처리 지연에 따른 내용증명-2〉

이는 첨부.3(법률조항)에 명시되어 있듯이 '사람을 기망하여 재산상의 이익을 취득한자는 10년 이하의 징역 또는 2천만원 이하의 벌금에 처한다'는 "형법 제347조" (사기)에 해당되는 위법한 범죄행위입니다.

이에, 금번 내용증명 발송일자(또는 문자메시지 발신일)로부터 3일 내 납득할만한 적정 후속조치가 없으면, 본 사항을 사기죄 항목으로 정식 고소 고발 예정이며, 본 내용증명은 그 증거로 활용 될 것임을 최종 통고 드립니다.

아울러, 이러한 범죄행위를 자행하는 기업의 영업(면허)을 허가 승인해준 강화군청의 관련자에 대해서도 상위기관인 인천광역시 및 국무총리실, 청와대 민원과 국민신문고 등을 통해, 혹여 있을지 모를 관공서와 기업과의 유착 관계 등에 대해서도 철저한 진상조사와 감사를 지속 제기할 예정입니다.

끝.

그래서 우선 내용증명 발송을 보류하고, 새로 입사했다는 직원의 연락처를 받아 적었습니다. 어쨌든 문서로 날리고 법적으로 처리하는 것은 최후의 방편이니 서로 감정 상하지 않게 가능한 협의로 처리하는 게 최선이기 때문입니다.

새로운 직원과 연락이 되었고, 자초지종을 설명했더니 본인도 전임 직원이 벌여놓은 일들을 수습하느라 정신없다고 하소연하며 우선 바로 현장 확인하러 나오겠다고 했습니다.

마침 저도 시간 여유 되었기에 바로 약속 잡고 제 농막에서 만났습니다. 비오는 날이었는데 저와 통화한 직원이 대표이사와 함께 찾아왔습니다. 대표이사는 칠순이 훌쩍 넘은 연세 지긋하신 분이셨는데, 오자마자 정중히 사과하며 양해를 구하는 것이었습니다.

본인이 연로하여 아들에게 이 사업을 물려주려 했었는데, 얼마 전 불의의 사고로 아들이 먼저 세상을 떠나 실의에 빠져 그간 회사 경영을 평소 데리고 일 시켰던 처남(그 담당자 상무)에게 맡기고 요양을 하고 있었다고 합니다.

그런데 최근 군청 환경위생과를 비롯한 여기저기서 항의 연락이 빗발쳐 간만에 회사 경영 상태를 확인해보니, 맡겨두었던 처남은 허구한 날 뒷수습 없이 계속 사고만 치고 있고, 회사에는 여기저기 준공처리 안 된다는 민원이 쌓여있어 본인도 깜짝 놀랐다는 것입니다.

젊은 시절 창업하여 수십 년을 키워온 회사를 순식간에 망가뜨렸다며 오히려 제게 분통을 터트리며, 준공 건은 바로 처리할 테니 양해해달라 부탁해왔습니다. 듣고 보니 그 처남이 바로 저와 협의했던 상무였던 것입니다.

어쨌든 연세 많으신 대표이사가 이렇게 정중히 양해를 구하는데 더 이상 매몰차게 대하기도 좀 그래서 알겠다며, 지난 일은 거론하지 않을 테니 더는 지체하지 말고 준공처리 빨리해달라고 말하고 협의를 끝냈습니다.

〈정화조 업체 대표이사와 현장 협의 후 설치신고 제출〉

[√]오수처리시설 [ ]설치
[ ]정화조 [ ]변경 신고서

		접수일		처리기간 2일	(앞쪽)
신고인	①성명 박춘심		②등록번호(주민등록번호)		
	③주소 인천광역시 연수구			전화번호: 010-	
치장소	④건물연면적(㎡) 20 ㎡		⑤건물용도 가설건축물(농막)		
	⑥소재지 인천광역시 강화군 면 리 472-7		⑦오수발생량(㎡/일) 또는 처리대상인원(명) 3 ㎡/일		
시공 정자	⑧상호(대표자) 주식회사		⑨등록번호 강화군제1호		
	⑩사업장 소재지 인천시 강화군 강화읍		(전화번호: 032-)		

계정일 2020년 09월 일   ⑫준공예정일 2020년 09월 일

방법 및 개요 ㈜삼일이엔씨, 호기성생물학적(고도)처리 방법

량(㎡/일) 또는 처리대상인원(00명용)   3㎡/일

	⑮변경 전	⑯변경 후
용		

법」 제34조제2항과 같은 법 시행규칙 제27조에 따라 위와 같이 신고합니다.

2020 년 9 월 일

신고인 박 춘 성 (서명 또는 인)

군수 · 구청장 귀하

옥수수 첫 수확, 농부가 되기로 마음먹다, 농업 사업자 등록

저는 군 제대 이후부터는 기술사 자격 및 박사 학위 취득을 위해 공부를 많이 하다 보니 TV를 거의 보지 않고 지냈습니다. 어느 정도 목표를 달성하여 공부를 내려놓은 지금도 습관이 되어 TV는 거의 보지 않고 그 시간에 주로 책을 읽습니다.

간혹 '한국기행', '나는 자연인이다', '한국인의 밥상' 이렇게 3가지 프로그램만 여건 되는대로 가끔 재방송을 볼 뿐입니다. 이러다 보니 저는 농막에 구태여 TV를 놓을 필요가 없었습니다.

하지만, 마눌님와 아이들은 TV가 없으면 밤에 심심해서 죽으려고 합니다. 언제인가부터 TV 좀 설치해달라고 노래를 부르며, TV 설치 안 해주면 앞으로 농막에 안 오겠다고 협박까지 하더라고요.

제가 강화도에 농막 세컨드하우스를 만든 이유는 우선 저의 평온한 휴식이 주목적이었지만, 도시의 아파트에서만 자라온 아이들에게 흙장난과 불장난과 같은 자연에서의 재미도 느끼게 해주고 싶어서이기도 합니다.

고민 끝에 절대권력 가부장적인 마인드로 무조건 따라오라고 하는 것은 요즘 시대에는 부적절한 방법인 것 같아, 며칠 협상 끝에 싸구려 TV 하나 사서 농막에 설치해주는 방향으로 가족들과 타협하였습니다.

TV는 여기저기 검색해보니 비 메이커 제품은 40인치짜리가 12만 원이면 살 수 있었기에 인터넷으로 신품 구매하여 설치했고, 시골 촌이라 케이블티비 연결은 안 되어, 무선 스카이라이프 서비스로 알아봤습니다.

스카이라이프는 전화 한 통이면 설치가 되며, 최초 설치비 2만 원과 월 8천 원의 수신료에 기본 채널 서비스를 이용할 수 있었습니다. 말이 기본 채널이지, 기본인데도 채널 숫자만도 200여 개가 넘습니다.

설치 일정은 설치기사님의 업무 스케줄 고려하여 신청 후 2주 정도 지나서 설치 가능했었습니다. 그리고 저와 같이 주말에만 오는 사람들이 많아서 그런지, 스카이라이프는 주말에도 설치작업이 가능했습니다.

〈스카이라이프 TV 설치〉

많은 분이 농막 세컨드하우스 생활에 대해 두려워하는 이유 중 하나가 각종 공과금에 대한 부담감도 일부 작용할 텐데, 여기에 대해 제 경험에 빗대어 말씀드리자면, 공과금은 전혀 걱정할 수준이 아닙니다.

저의 경우는 매달 평균 발생되는 공과금이 3만 원도 채 안 됩니다. 전기요금과 스카이라이프 요금은 월평균 각 8천 원씩 발생되고, 수도요금은 여름철 물장난 많이 할 때는 최대 2만 원에서 겨울철에는 3천 원까지 편차가 있는데 평균으로 보자면 이 역시도 월 8천 원 정도 수준입니다. 그러니 전기, 수도, TV를 모두 합하여도 채 3만 원이 넘지 않으니 부담가질 필요는 없습니다.

그리고 이날은 김포의 어느 목조주택 전시장에도 들러봤습니다. 평소 초지대교를 건너 왔다 갔다 하는 길목에 목조주택 전시장이 하나 있었는데 한번 들러봐야겠다고 생각만 하다가 마침 이날 시간이 맞아 전시장에 들러봤습니다. 그러나 역시 부르는 금액이 꽤 비쌌습니다.

앞서 군청 앞 건축사사무소에서 콘크리트 또는 목조나 스틸구조로 건축하는 것을 알아봤을 때도 최소 1억 원 이상을 훌쩍 넘는 금액을 불러 비싸다고 생각했었는데, 여기도 이와 별반 차이가 없었습니다.

아무리 생각해봐도, 매일 주거하는 것도 아니고 단순히 주말에만 사용하는 것인데 억 단위의 돈을 들여 집을 짓는 것은 불필요한 돈 낭비라 생각되었습니다.

그렇게 주택 건축에 대한 생각을 접고 농막 세컨드하우스에 도착했습니다. 우선 농작물 상태를 살펴봤는데, 최근 태풍의 영향으로 옥수수 몇 줄기의 뿌리가 뽑힐락 말락하는 게 있어 시들어 죽기 전에 일부 옥수수는 먼저 수확하기로 했습니다.

옥수수가 크지는 않았지만, 다행히 나름 옥수수답게 잘 영글어 있었습니다. 바야흐로 제 땅에서, 제 손으로 직접 키운 농작물 중 정식으로는 첫 수확입니다. 뭐랄까, 기분이 굉장히 묘했습니다.

제가 뭐 별로 한 것도 없이 씨 뿌리고 물만 가끔 주었을 뿐인데 무럭무럭 잘 자라준 옥수수가 대견하기도 하고, 아무것도 없던 황무지에서 이런 생명체가 제 손에 의해 자라났다는 것이 경이롭기도 했습니다.

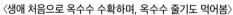

〈생애 처음으로 옥수수 수확하며, 옥수수 줄기도 먹어봄〉

아마 이때부터였던 것 같습니다. 미래에 제 인생 3번째 직업을 농부로 선택하게 된 것이….

저의 첫 번째 직업은 군인이었습니다. 근 6년간을 직업군인(부사관)으로 최전방 판문점 인근에서 복무했었습니다.

그때 만약 부사관이 아닌 장교가 될 수 있었다면 아마도 전역하지 않고 평생 군문에 말뚝 박았을 것입니다. 하지만 당시의 저는 고졸의

학력으로서 가방끈이 짧아 장교로 지원조차 불가능했었기에 어쩔 수 없이 부사관으로서 의무 복무기간만 채우고 군문을 떠났습니다.

다음으로 선택한 두 번째 직업은 건설기술인이었습니다. 학벌이 짧기에 건설현장 하청업체 계약직부터 시작한 건설 일이 어쩌다 보니 운 좋게도 잘 풀려 현대건설이라는 우리나라 굴지의 대기업으로 이직하게 되었고, 비록 최말단 현장채용 계약직으로 시작했지만 정규직으로까지 전환되는 영광을 얻게 되었습니다.

이 과정 중에 훌륭하신 현대건설 선배님들의 좋은 가르침을 잘 받아, 이공계 최고의 기술자격인 기술사 취득은 물론 공학박사 학위까지 취득하게 되어, 수천억 원 규모의 거대한 항만 건설공사 프로젝트의 현장대리인(총괄책임자)까지 역임해보게 되었습니다.

지금은 더 높은 뜻이 있어 현대건설을 떠나 대학교수 등 기술사 프리랜서로서의 삶을 살고 있지만, 어찌 되었든 저의 두 번째 직업인 건설기술인 범주에는 계속 머무르고 있습니다.

하지만 저도 언제가 나이를 더 먹어 60대에 들어서면, 아무리 실력 있는 기술사 프리랜서라 할지라도 신공법, 신기술 등의 지식 습득에서 시대의 흐름에 뒤처져 차츰 설 자리가 줄어들 것이라 예상합니다.

물론, 그 나이가 되기 전에 돈 많이 벌어두고, 그 돈으로 투자도 많이 하여 더 이상 일하지 않아도 먹고 살 수 있는 경제적 자유를 달성해두려 합니다.

즉, 근로소득이 없어도 여기저기 부동산과 주식 등에 투자해놓은 자본소득만으로도 먹고 살 수 있게끔 60세 이전에 준비는 해두려 하나, 사람이 일을 전혀 하지 않으면 몸도 마음도 피폐해지고 금방 늙기 마련입니다.

그래서 저는 40대인 지금부터 조금씩 준비하여 60대 이후에는 아무리 경제적으로 여유가 있어도, 제 건강을 위해서라도 농사일을 저의 세 번째 직업으로 삼아 죽을 때까지 소일거리로 해보려 합니다. 이런 원대한 포부가 바로 이날의 옥수수 첫 수확에서부터 시작된 것이라 할 수 있겠습니다.

항상 누구나 생각은 많이들 합니다. 실행을 안 하니 문제이지요. 저는 다행스럽게도 그나마 실행력이 좋은 편에 속합니다. 아무래도 프리랜서로서 일반 직장인보다 시간적 여유가 있다 보니 가능한 것이겠지요.

그래서, 이러한 농사일에 대한 생각들을 차츰차츰 구체화하고자, 우선 '채소작물 재배업' 등 농업 사업체를 하나 설립했습니다. 그리고 사업자등록 주소지를 바로 이 농막 세컨드하우스로 해두었고요.

〈농막을 주소지로 하여 농업 사업자로 등록〉

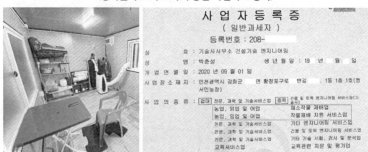

이제 제 농막은 단순히 세컨드하우스 역할만이 아니라, 여기서 더욱 진화하여 저의 세 번째 직업인 농업의 원천기지로서의 역할도 하게 될 것입니다.

그리고 농막을 주소지로 어떻게 사업자 등록이 가능하냐고 의아해하시는 분들도 계실 텐데, 제가 세무서에 알아본 바로는 도로명 주소가 있는 건물이라면 사업자 등록이 가능하답니다.

도로명 주소 신청에 대해서는 앞서 설명해 드렸다시피 농막도 정식절차를 거쳐 가설건축물로 축조 신고되어 있다면, 가설일지언정 건축물로 인정되기에 군청에 신청하면 건축물에 대한 도로명 주소를 부여받을 수 있습니다.

농막에 전입신고를 하지 말라는 규정은 있지만, 사업자 등록을 하지말라는 규정은 아직 없습니다. 이를 잘 활용하면 농막 하나로 휴식을주는 세컨드하우스 기능은 물론, 돈도 벌게 해주는 사업자 소재지의기능도 가능합니다.

메쉬펜스 울타리 설치, 정화조 준공검사

2020. 9. 10.(목) "새벽기상. 운동. 6시 반 강화로 출발. 오전에 메쉬펜스 설치작업. 3명 투입. 오후 정화조 준공검사. 잘 마무리. 농막은 사무실로 쓰기로 하니 모든 면에서 긍정적. 교통비 증가는 제외. 농막 현판제작 의뢰. 방부목 알아보고, 이제 본격적으로 목재로 데크, 선반, 공구함 등 만들어 볼 예정."

이날은 오랜 준비 끝에 2가지의 숙원사업을 처리했던 날입니다. 우선 오랜 연구와 전문 업체들 견적 끝에 기성품 메쉬펜스로 멋들어지게 울타리를 설치했습니다.

〈메쉬펜스 울타리 설치〉

당초에는 고추말뚝과 고라니망 이라 불리는 그물망으로 대충 설치하여 나름대로의 경계 표시만 했는데, 올 때마다 왜인지 모르게 농막 세컨드하우스 전체가 볼품없어 보여 아쉬움이 있었습니다. 그래서 도로와 접해있는 면만이라도 깔끔하게 기성품 펜스를 설치해보고자 여기저기 견적을 받아 봤습니다.

견적가는 업체마다 천차만별이었습니다. 인터넷 검색하여 총 네 군데 견적 받아봤는데, 높이 1.8m에 전체 길이 32m, 그중 4m는 양문형 출입문으로 견적 받았는데 비싼 곳은 270만 원까지 불렀고, 가장 저렴한 곳은 139만 원을 불렀습니다.

〈메쉬펜스 울타리 설치계획 구상도〉

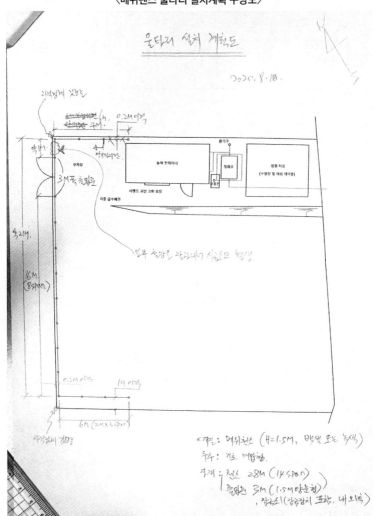

〈메쉬펜스 울타리 최저가 견적서〉

	살펴봄 건설안전기술원	귀하		▓종합휀스 (Hyundai Master Fence)

■ 종합휀스 (Hyundai Master Fence)
대표 :
사업자 ▓▓▓▓-36-00085
인천 남▓▓▓▓ 270번길 39(논현동)
TEL : 1▓▓▓▓▓ FAX : 0303-3442-2218
E-mail ▓▓▓▓@naver.com

견적일 : **2020년 8월 27일**
담당자 : ▓▓▓ 부장
연락처 : 16C▓▓▓▓▓▓▓ 8182)
이메일 : ▓▓▓▓nmail.net

업무요약 & 특이사항
메쉬휀스 / 메쉬출입문 / (H1500 기초형)
자재납품 및 시공

NO	품명	규격	단위	수량	단가(원)	금액(원)	비고
1	메쉬판 BS	W 1930 x H 1500	장	14	17,500	245,000	백색
2	기초주주/캡	Φ 76.3 x H 1900	EA	14	9,600	134,400	
3	고정B/N	Φ 8 x 110	EA	42	200	8,400	
4	U밴드	32 * 23	EA	84	50	4,200	
5	메쉬출입문(양문)	W 4000 x H 1500	조	1	386,000	386,000	
			총 자재비			778,000	
6	운송비		t	1		70,000	
7	시공비		식	1		550,000	부자재포함
						-8,000	단수정리
					합계 (견적)	1,390,000	VAT별도
					합계 (Total) - VAT 포함		

발주사 정보	상 호	살펴봄 건설안전기술원	Tel	010-▓▓▓▓
	담당자	박준성 대표님	FAX	
	주 소	인천 연수구 송도동▓▓▓	e-mail	▓▓▓▓nmail.net
	현장주소			

다른 업체와 견적을 비교해보면 대부분 인건비는 비슷했는데 재료비에서 큰 차이가 났습니다. 이유를 알아본 바로는 조달청에 납품되는 품질기준으로 제작하게 되면 두께나 내구성 등의 까다로운 품질기준을 지켜야 하므로 가격이 비싼데, 그런 품질기준과 상관없다면 상대적으로 저가의 제품을 살 수 있었습니다.

저는 단순히 토지경계를 명확히 하고, 시각적으로 깔끔한 인상을 주고 싶어서 펜스를 설치하는 것이지, 이 펜스를 설치함으로써 외부인의 침임과 시설의 보안 등을 지키기 위한 것이 아니었기에 다소 품질 낮은 자재를 써도 무방하다고 판단했습니다.

아무리 울타리 잘 설치해도 누군가 넘어오려 마음먹으면 충분히 울타리 넘어올 수 있을 테니 그런 품질기준을 준수하는 것 자체가 저에게는 별 의미 없는 행위였던 것입니다.

그래서 그냥 가장 저렴한 견적업체로 선택하여 139만 원에 공사했습니다. 작업은 일정 조율하여 3명이 들어와 반나절 만에 깔끔히 마무리 짓고 철수했습니다.

가장 먼저 실을 띄워 울타리 직선으로 선형을 잡고, 주주(기둥) 설치 위치를 2m 간격으로 표시하여 삽으로 굴착 후, 구멍마다 레미탈(시멘트+모래) 한 포대씩 쏟아붓고는 물과 함께 버무려주고 주주를 꽂아 고정했습니다.

이후 한두 시간 지나서 레미탈이 조금씩 경화될 무렵 주주 사이에 메쉬펜스 판망을 부착해주고 작업이 끝났으며, 기초부의 레미탈이 완전히 경화되어 강도가 확보될 때까지 약 3일 정도 걸리기 때문에 그동안만 울타리 출입문을 사용하지 않고 기다리면 됩니다.

이렇게 펜스 설치작업이 끝난 후 작업자가 철수하자마자, 군청 환경위생과 공무원과 정화조 설치업체 직원이 함께 정화조 준공을 위해 현지 검사를 나왔습니다.

이전에 가설건축물 축조 신고나 상수도인입신청 때에는 공무원이 직접 현지에 나온 적이 없었는데 정화조는 반드시 환경위생과 공무원이 직접 나와서 변기 및 싱크대 등의 설치상태, 물 흐름상태, 정화조 배출상태 등을 육안으로 확인합니다. 물론 지자체마다 조금씩 다를 수는 있겠지만, 최소한 강화군은 그렇습니다.

저의 경우도 공무원이 직접 정화조 뚜껑 열어보고 내부 설비를 육안으로 확인하고, 물 흘러나가는 것을 꼼꼼히 확인하고 갔습니다. 다행히도 정화조 준공검사는 무탈하게 잘 끝났으며, 수일 내로 준공승인 공문을 보내주겠다고 하고 공무원은 돌아갔습니다. 바야흐로 6월 초에 시작하여 3개월이 지난 9월이 되어서야 정화조 공사가 공식 마무리되었습니다.

지난 3개월간 정화조 업체 전 담당자의 무책임한 행동으로 얼마나 애를 태웠던지… 이제 농막 세컨드하우스에 필요한 수도, 전기에 이어 정화조까지 모든 것이 완비되었습니다.

〈정화조 준공검사〉

〈정화조 준공검사 및 적합통보 공문수신〉

| 민 원 |

함께 만들어요! 풍요로운 강화!

강 화 군

함께 만들어요!
풍요로운 강화!

수신자   수신자 참조
(경유)

제 목   오수처리시설 준공검사 적합통보(내가:박*성)(수정)

1. 환경위생과~4◼◼3(2020.09.10.)호와 관련입니다.

2. 귀하께서 민원 제105◼◼2(2020.09.10)호로 제출하신 내가면 황청리 ◼◼◼◼◼번지상의 『오수처리시설 준공검사 신청』건은 『하수도법』제37조와 같은 법 시행규칙 제31조의 규정에 따라 다음과 같이 적합함을 통지하오며, 『하수도법』시행규칙 제32조 (방류수 수질검사 등)의 규정에 의거 수질검사를 할 예정임을 알려드립니다.

3. 가설건축물 존치기간은 2023년 05월 15일까지 오수처리시설 사용을 승인하고 기간 연장 시 만료일 이전에 연장승인 신청서를 제출하여야 합니다. 기간 만료 후 일주일 이내에 건축물 철거신고서 또는 개인하수처리시설의 폐쇄(하수도법 시행규칙 제28조) 신고서를 제출하여야 합니다.

4. 오수처리시설의 전기설비를 끄는 경우 하수도법 제39조2항에 의거 100만원 이하의 과태료가 부과되고 부적정 수질관리시 하수도법 제7조에 의거 500만원 이하의 과태료가 부과되오니 불임문서를 참고하시어 오수처리시설 관리에 만전을 기하시길 바랍니다.

5. 아울러, 『하수도법』제39조 규정에 따른 개인하수처리시설의 운영·관리에 관한 규정을 준수하여 주시고, 건축허가과에서는 관련 업무에 참고하시기 바랍니다.

신청인	건 축 물		오수처리시설 설치내역		방 류 수 수질기준	시공업체
	용량산정 용 도	연면적 (㎡)				
박준성	계	20	시설용량	3㎥/일×1개	BOD 20mg/L S S 20mg/L	◼◼◼◼◼(주) 강화군 제2007-1호
	가설건축물 (농막)	20	처리방법	후기성생물학적 처리방법		
	3㎥/일× 1개 (5mg/L)		제조업체	(주)삼일이엔씨 음성군 제1호		
			구 분	제작제품		

붙임 개인하수처리시설 관리기준 1부. 끝.

　　며칠 후에는 새로 설치한 메쉬펜스 울타리에 신규 사업자 등록한 농업 사업자의 현판을 만들어 붙였습니다. 울타리도 멋들어지게 공사해 놨으니 이왕 예쁘게 꾸미는 거 주변에 지나가는 사람들이 확실히 관리되고 있는 토지라는 것을 느낄 수 있도록 농장 현판과 우편함도 깔끔하게 설치했습니다.

　　현판은 인터넷 검색하면 3~4만 원 정도면 A3 규격으로 두꺼운 아크릴 재질의 현판을 제작할 수 있습니다. 현판을 만들 때 농장 이름을 뭐라 쓸까 고민하다가 우리 가족의 이름 중 가운데 글자 하나씩을 따서 '쩡서민 농장'이라고 애칭을 붙였습니다.

우편함도 인터넷 검색하면 싼 것은 5천 원 정도에 살 수 있습니다. 그땐 별생각 없이 가장 저렴한 사각 스테인레스 우편함을 사다 붙였는데, 이왕 예쁘게 꾸미는 거 조금 돈이 더 들더라도 그림동화에 나올 법한 감성 돋는 빨간색 우편함을 설치할 걸 살짝 후회하고 있습니다.

〈농장 현판 및 우편함 부착〉

이때가 9월 초였는데, 마침 이 시기에 제가 육군 상사 계급으로 예비군 간부 진급을 하게 되었습니다. 간부는 전역 후에도 심사를 거쳐 1계급에 한해 특진이 가능한데 얼떨결에 신청해 봤는데 우연히 합격해 상사 계급으로 진급하게 되었습니다.

예비역 상사로 진급하려면 원래는 2박 3일간 각 병과학교에 가서 진급자 교육훈련을 받아야 하는데, 2020년도는 코로나19 여파로 특별하게 교육훈련 없이 바로 진급시켜 주었습니다.

진급 축하한다는 육군 참모총장의 기념 선물과 임명장, 상사 계급장.

그리고 새 전투복 일체를 택배로 보내 주었는데, 어쨌든 새 옷과 상사 계급장을 받으니 기분은 좋았습니다.

〈예비역 간부 상사 진급 임명장〉

기분 좋은 마음에 평소 많은 가르침을 받는 대학원 석사과정 때 입학동기 형님 몇 분을 강화도 농막 세컨드하우스로 초대하여 고기를 구워 먹으며 기쁨을 나눴습니다.

이 형님 중 한 분은 약 10년 정도의 시차를 두고 저와 같은 부대에서 근무했었던 예비역 장교입니다. 참 기막힌 운명인 것 같습니다. 같은 부대에서 10년의 시차를 두고 근무했는데, 이렇게 대학원에서 석사과정 입학 동기로 그 인연을 맺게 될 줄이야 누가 알았겠습니까?

〈농막에 놀러 온 대학원 동기 형님들과 함께 석양을 바라봄〉

　농막 세컨드하우스에서 고요한 저수지 풍경을 바라보며 구워 먹는 고기도 맛있었지만, 무엇보다 해 질 녘 산책하러 나가서 바라본 서해안 석모도 앞바다의 일몰은 정말로 장관이었습니다. 그 멋진 황금색 풍광은 무척 강렬하게 뇌리에 남아 있습니다.

아이들과 화덕 만들고 가재 잡고

9월 중순… 정말 캠핑 다니기 좋은 계절입니다. 하지만 캠핑은 바리바리 짐 싸 들고 다녀야 하고 사이트 구축과 철수에 시간을 많이 뺏겨 한 3년 정도 해보면 지쳐서 캠핑 다니는 횟수가 점점 뜸해지게 됩니다. 저 또한 그랬고 제 주변에 많은 캠퍼도 그러했습니다.

그렇다면 다음 단계로 진화한 것이 장박 또는 글램핑입니다. 아예 캠핑시설이 완비된 장소로 찾아다니는 것이지요. 그러면 사이트 구축에 대한 시간도 아낄 수 있고, 이것저것 짐짝을 차에 잔뜩 싣고 다닐 필요도 없어 편리합니다.

하지만 예보에 없던 빗방울이 쏟아지거나, 강풍이 몰아칠 경우에는 참으로 곤혹스럽지요. 빗방울까지는 우중캠핑이라는 좋은 말로 포장해서 한두 번 넘길 수 있다 쳐도 강풍에는 정말 답이 없습니다.

텐트 날아가고 무너지고, 심하면 안전에 위험까지 발생할 수 있습니다. 어찌어찌 잔혹한 밤을 무사히 넘겼다 치더라도 다음날에도 비가 계속 내리면, 캠핑장비뿐 아니라 사람까지도 완전히 비에 쫄딱 젖어 온몸을 덜덜 떨면서 귀가해야 합니다.

지금 쓴 내용은 모두 저의 경험담입니다. 이런 경험이 쌓이니 이제는 캠핑 다니는 것을 조금씩 멀리하게 되었습니다. 하지만 농지를 매수하여 농막 세컨드하우스를 구축하면서부터 저의 주말 캠퍼 생활이 다시 시작되었습니다. 엄밀히 말하면 '캠퍼'라기보다는 주말농부라는 뜻으로 '파머'라는 표현이 더 맞겠네요.

우리 아이들도 이제는 농막에 도착하면 자연스레 밀짚모자를 뒤집어쓰고 호미와 삽, 곡괭이 등을 손에 들어 재미있다며 밭고랑을 일구고는 합니다. 물론 제가 보기에는 오히려 밭을 망가뜨리고 있는 것으로 보이지만….

요즘 세대 아이들이 언제 이렇게 직접 연장을 들고 땅을 파보겠습니까? 아마 군대나 들어가야 제대로 된 삽질 좀 처음 해보겠지요. 아이들이 제 토지 위에서 이렇게 땅도 파보고, 흙장난도 하면서 별의별 짓을 다 합니다.

언젠가는 아이들이 화덕을 만들어 마시멜로를 모닥불에 구워 먹어보겠다고, 밭에서 캐낸 돌멩이들과 진흙 반죽을 이용해 멋들어진 화덕을 만들었습니다.

처음에는 '지들이 무슨 화덕을 만들어?' 하고 신경 안 썼는데, 완성된 화덕을 보니 퀄리티가 장난 아니었습니다. 꽤 근사하고 좀 있어 보이는 것이었습니다. 어디 TV에서 주워본 건 있었는지 잘 흉내 낸 것 같습니다.

아이들이 이 화덕을 친척이나 친구들이 놀러올 때마다 신나서 자랑합니다. 아이들에게는 아주 굉장한 추억으로 남게 되겠지요. 지금 이 글을 읽고 계시는 독자님의 자녀는 직접 돌과 흙을 이용해 화덕 만들어 본 적 있으신가요? 저도 한 번도 만들어본 적 없습니다만…. 그리고 나중에 알게 된 사실인데, 화덕 퀄리티가 높았던 이유가 따로 있었습니다. 화덕이 하도 개판이어서 주말에 놀러 오셨던 아이들의 외할아버지가 진흙 미장 솜씨 좀 발휘하셨다고 합니다.

〈아이들이 만든 화덕에서 밤에 마시멜로를 구워먹으며〉

〈아이들의 농사놀이〉

이번에는 아이들과 합심해서 농막 안에서 사용할 가구를 목재로 직접 만들어 봤습니다. 읍내 목재상에 가서 각재와 판재를 배달시켜 아이들과 둘러앉아 설계도를 그리고, 줄자로 치수를 재고, 톱으로 썰고, 못과 망치질을 했습니다.

　물론 아이들은 오히려 방해만 될 뿐이지요. 하지만 요즘 아이들이 언제 또 이렇게 톱질과 망치질을 직접 해보겠습니까? 어차피 농막에서만 쓰는 거니 좀 삐딱하게 만들어지면 또 어떻습니까? 아이들이 좀 실수하더라도 '육군 공병 상사'인 제가 있으니 괜찮습니다. 현역 시절의 기억을 떠올리며 손 보면 되지요.

〈아이들과 같이 목재 가구 만들기〉

〈맛있는 야외 바비큐 점심과 계곡에서의 가재잡기 놀이〉

아, 참고로 제가 '육군 공병 상사'인 것은 맞는데, 직접 목공 작업을 해본 적은 거의 없습니다. 맨날 병사들에게 시키기만 했지요. 그래도 서당 개 3년이면 풍월을 읊는다고, 공병 부대 6년이면 위 사진처럼 냉장고가 쏙 들어가는 맞춤형 이불 선반 정도는 만들 수 있답니다.

이렇게 즐겁고 재미있게 일하다가 배가 고파지면 마눌님은 야외 테이블에 고기를 굽습니다. 야외에서 먹는 것은 뭐든지 다 맛있는데, 그중에서도 열심히 일하고 나서 허기질 때 사랑하는 가족과 함께 먹는 것은 더욱이 최고의 꿀맛입니다.

점심 먹은 후 가구 만들고 각재가 좀 남아서, 아이들이 제 토지에 연접한 석축 밑 계곡에 내려가 놀 수 있게 나무 사다리 하나를 뚝딱 만들어 주었습니다. 워크래프트 등 판타지 게임을 할 때 보면 차원을 이동하는 포털이 있는데, 아이들에게는 마치 이 사다리가 바로 그런 차원의 문 역할을 합니다.

사다리 설치하자마자 아이들이 뛰어 내려가 가재, 개구리 잡는다고 아주 난리가 났습니다. 아이들이 잡아 온 자그마한 가재를 자랑스레 보여주면 오늘 밤 저녁은 랍스터를 먹을 수 있겠다고 실없는 농담을 던지며 같이 즐거워했었습니다. 이렇게 행복했던 그 날의 기억이 고스란히 좋은 추억으로 남아있습니다.

감나무 심고, 유명 블로거와 인터뷰

> 2020. 9. 26.(토) "7시 출발. 강화도. 감나무 묘목 구입. 13만 원에 5그루. 농막 도착 후 10시에 블로거 유키 상담. 감나무 심고, 장작 만들기. 오후에 처가댁 식구들 놀러 와서 새우회, 소금구이 먹다가 밤에 텐트 취침. 막걸리 6병 마심. 헐."

저는 말랑말랑한 홍시를 매우 좋아합니다. 그래서 처음 토지를 알아볼 때부터 감나무를 원 없이 자급자족으로 먹을 수 있도록 많이 심어보려 생각하고 있었습니다.

토지를 매수한 5월에는 이미 나무묘목시장이 문 닫은 이후라 다음 해 봄에 심어보고자 생각하고 있었는데, 어찌어찌 인터넷을 검색하다 보니 강화도 특산 품종인 장준감 묘목을 싸게 판다는 광고를 보게 되어 관심을 가지고 검색해봤습니다.

판매자는 저와 같이 강화도 풍경이 좋아 주말농장으로 감나무밭을 가꾸기 시작한 분이었는데, 그분의 설명으로는 감나무 묘목은 전년도 가을에 이식하는 것이 더 좋다고 합니다. 그러면 겨울을 나는 동안 뿌리가 새로운 토지에 완전히 정착하여 새해 봄이 되면 더욱 왕성하게 생육 활동을 할 수 있다는 것입니다.

가격은 한 그루당 3만 원을 불렀습니다. 저는 감나무를 많이 심는 게 목표였지만 당장 한 번도 농사지어본 적 없는 상태에서 수십 그루를 심기에는 다소 불안함이 있어, 올해는 시범적으로 다섯 그루만 심어보기로 했습니다.

그래서 가격 좀 협상하여 13만 원에 다섯 그루를 매입하였습니다. 협상 후 묘목장에 가서 현금 지불하니, 커다란 김장용 비닐봉지에 뿌리 주변 흙덩이리까지 크게 한 삽 파내어 넣어서 줍니다.

제 차가 나름 트렁크 공간이 널찍한 제네시스 G80인데, 묘목 5그루 넣는 게 빡빡했습니다. 그래서 그때부터 느낀 것이 앞으로 본격적으로 주말농장을 꾸려나가려면 포터 같은 화물트럭이 좀 있어야겠다고 느꼈습니다.

하지만 명색이 사업자 대표이자 대학교수인데, 대외 활동하러 갈 때 포터를 끌고 가는 것은 좀 체면이 안 설 것 같아서, 마눌님이 동네에서 아줌마들과 마트에 장 보러 갈 때 끌고 다니는 13년 된 아반떼 차량을 포터 더블캡으로 바꾸자고 말 꺼냈다가 욕만 겁나게(?) 먹었습니다. 포터가 뭐가 어때서?

어쨌든 장기적인 관점으로 볼 때 농장을 제대로 운영하려면 트럭이 꼭 필요할 것 같아 지금도 틈틈이 마눌님을 설득하는 중입니다. 그래서 이 글을 쓰고 있는 시기에는 렉스턴 스포츠 또는 스타렉스 밴 등급까지는 협상을 이끌어 냈습니다. 앞으로 조금 더 노력하면 포터 더블캡으로 바꾸는 데 동의 얻을 수 있지 않을까요?

아이들과 즐겁게 감나무 심기 놀이에 빠져있을 때, 멀리서 손님 두

분이 찾아오셨습니다. 네이버에서 '유키'라는 닉네임으로 활동하시며 약 삼천 오백 명의 블로그 이웃을 형성하고 계시는 '가장 보통의 존재'라는 블로그의 주인장 내외분이었습니다.

물론 뜬금없이 오신 것은 아니고, 사전에 만나 뵙기로 일정 약속을 했었습니다. 유키님은 새벽시간 활용과 자기계발에 관심이 많으신 젊은 세무회계 전문가인데, '새벽' 키워드가 들어있는 책을 검색하다 보니 '새벽 4시~'로 시작하는 제 책들이 눈에 들어 호기심에 한 번 읽어보셨다고 합니다.

〈블로거 유키님과의 자문 상담 / 제 책에 저자 친필사인 중〉

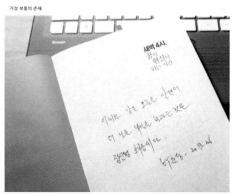

〈아이들과 장준감 묘목 심기〉

비록 제 책이 건설 분야에 집중되어 있어 100% 완전한 이해와 공감은 어려웠지만 새벽기상과 자기계발 노력 부분에서 많은 도움이 되었다며, 앞으로 본인과 남편의 미래에 대해 저의 자문을 듣고자 연락 주셔서, 이렇게 주말에 강화도에서의 만남이 성사된 것입니다.

제 책을 돈 주고 사서 읽어봐 주신 것만도 감사한데, 저에게 인생 자문도 물어봐 주시니 아주 큰 영광이었습니다. 게다가 무료도 아니고, 나름 자문료로 높은 비용을 말씀드렸는데도 이렇게 비용까지 주시며 상담하러 와주셨으니, 제가 아는 범위 내 최선을 다해 조언해 드렸습니다.

제가 예쁘게 정성껏 가꿔온 농막 세컨드하우스에 이렇게 유명하신 블로거 유키님이 들러주시어, 아름다운 풍경과 경치에 대해 좋은 말씀 해주시니 저 또한 기분 좋았었습니다.

이렇게 오전 시간에 감나무를 심고, 블로거 유키님 내외분과 미팅도 끝내고 나니, 오후에 미리 초청 드렸던 처가댁 식구들이 하나둘 강화도 농막 세컨드하우스로 모여들기 시작했습니다.

장모님과 장인어른은 앞서 한번 놀러 오신 적이 있으시지만, 처남댁 가족들까지 처가댁 식구가 모두 모인 것은 처음입니다. 6평 농막에 4가족 14명이 모두 들어갈 수는 없기에 두 가족은 농막에서, 나머지 두 가족은 텃밭에 텐트 치고 캠핑하는 기분으로 하루 묵으며 주말을 보냈습니다.

가을철이 되니 강화도 새우 양식장에서 슬슬 왕새우를 출하하기 시작했습니다. 가격은 kg당 2만5천 원 정도로 아주 싼 편은 아니었지만, 시골 인심이라는 게 있어서 양식장 주인에게 말만 잘하면 덤으로 왕새우를 한 무더기씩 더 얹어주고는 합니다.

또한 아예 복장을 현지 강화도민처럼 착용하면 아주 서비스가 좋아집니다. 그래서 저는 새우, 조개, 회 등 현지 특산물을 사러 갈 때는 가급적 일부러 추레한 등산복에 농부장화를 신고, 머리에는 챙 넓은 밀짚모자를 쓰고 땀수건을 목에 두른 복장으로 매장에 들립니다.

이렇게 훌륭한 현지인 복장을 하고 "안녕하시꺄. 동네 사람인데 잘 좀 주시꺄~" 하면서 완벽한 강화 사투리를 구사하면, 대부분 어느 동네인지 물어보신 후 친절히 서비스를 좀 더 챙겨 주십니다. 다만, 강화 사투리를 사용하실 때에 정말 정말 끝 글자의 발음과 억양에 신경을 써서 잘하셔야 합니다.

〈생새우 회 및 왕새우 소금구이와 함께한 처가 가족모임〉

밤에 왕새우 회와 소금구이를 배불리 먹고 난 후, 다음 날 아침 소화도 시킬 겸 홀로 산행을 했습니다. 강화도에는 은근히 명산들이 꽤나 많습니다.

강화도 산행은 도시지역의 산행과 다른 점이 인적이 많지 않다는 것입니다. 사람들이 별로 다니지 않다 보니 자연의 모습도 좀 더 잘 보전되어 있고 신기한 기암괴석 등도 많이 볼 수 있습니다.

특히나 코로나19로 인해 등산객이 붐비면 산길을 걸으면서도 마스크를 꼭 착용해야 하기에 산행하면서도 답답함이 많은데, 강화도는 인적이 많지 않다 보니 편하게 맑은 공기를 들이마실 수 있어 좋습니다.

5월에 토지 매수부터 시작하여 매 주말 강화도 올 때마다 가능하면 산 하나씩 올라다니다 보니 어느새 강화도의 어지간한 산들은 다 가본 것 같습니다.

마니산은 가장 절경이고 멋있으나 등산로가 가파른 돌산이어서 노약자나 어린이에게는 다소 위험하기도 할 것이고, 별립산은 군부대가 정상에 있어 다소 출입제한 구역이 넓어 이 두 산은 가족 단위 산행에 별로 추천하지 않습니다.

강화도에 있는 여러 산 중 가족단위로 편하게 올라가 볼 만한 산은 봄철 진달래 군락지로 유명한 고려산과 교동도 대룡시장을 끼고 있는 화개산, 석모도 상주산 등이 무난하고 좋습니다. 시간될 때 나들이 겸 가족들과 산행 한 번 오르시기를 추천합니다.

〈일요일 오전 진강산 등산 중〉

완연한 가을, 수확의 계절

2020. 11. 11.(수) "새벽에 바로 강화도로 출근. 아침산책, 시래기 무와 당근, 파 캐내기. 당근이 특히 잘 자란다. 11시에 외포항 여객선 안전감독 입회. 저녁에 굴전에 막걸리. 8시 반 취침."

지난 9월 농막 주소지로 사업자 등록을 한 후에는 강의나 출장 등 외부 일정이 없으면, 평일이라도 그냥 강화도 농막으로 출근하곤 했습니다.

그래 봐야 일주일에 하루나 이틀 정도인데, 혹여 긴급하게 건설현장 불시점검이나 긴급심의 등의 요청을 받을 수가 있다 보니, 농막에 가더라도 옷은 언제든지 외부 활동할 수 있도록 깔끔히 입고 다녔습니다.

어차피 농막에 편한 옷들을 가져다 두었기에, 입고 온 정장은 잘 걸어두고 편한 복장으로 갈아입은 후 근처 저수지 주변을 산책하기도 하고, 플라스틱 테이블에 앉아 커피 마시며 책을 읽기도 하고, 텃밭에 나가 농작물을 돌보기도 합니다.

이제 11월에 접어드니 정말 완연한 가을입니다. 농막 세컨드하우스 주변 산책하러 나가보면 논에는 벼들이 고개를 숙이며 황금빛으로 물들어 있어 바람이 불 때마다 황금빛으로 찰랑거리는 풍경이 아주 환상적입니다.

여름철의 파릇파릇한 녹색 물결도 멋있지만, 이렇게 늦가을의 황금색 물결 또한 그에 맞는 운치가 있습니다. 이렇듯 강화도의 4계절은 각 계절마다 특색이 있고 그 특유의 멋이 있어 정말 좋습니다.

〈농막 주변 논의 여름과 가을의 풍경〉

〈강화도 농막을 사무실로 활용 중 / 출퇴근 복장과 작업복〉

이제 11월에 들어서니 이미 벼 추수도 거의 다 끝났고, 제 토지에서 경작하던 하반기 작물의 대명사인 당근과 시래기 무도 수확할 때가 되었습니다. 모두 뿌리 작물인지라 캐내다가 손상되지 않도록 둘레에서부터 호미를 이용해 살살 파헤쳐 나가는데 여간 조심성이 필요한 게

아닙니다.

그 과정은 다소 지루함이 있지만 이렇게 캐낸 당근, 무, 고구마 등을 손에 올려놓고 쳐다보고 있노라면 어디서도 느끼지 못했던 희열과 기쁨, 그리고 뿌듯함이 샘솟습니다.

〈당근, 무, 고구마 수확 후 기념사진〉

이렇게 경치 좋은 강화도 세컨드하우스에서 산책도 하고, 농작물도 돌보다 보면 금방 허기가 집니다. 이럴 때 간단하게 라면을 하나 끓여 먹더라도 방금 막 수확한 무, 당근, 파 등의 신선한 야채를 같이 넣어 끓이면 그 맛이 아주 일품입니다.

〈막 수확한 야채를 넣고 끓인 라면〉

오후에 업무 일정이 있다면 그냥 야채라면으로 만족해야겠지만, 별다른 일정이 없다면 라면에 이어 조개를 구워 먹기도 합니다. 여기에 시원한 강화도 특산 인삼 막걸리까지 곁들인 후 그냥 농막에서 하루 푹 자고 오면 그 포만감과 행복감은 아주 꿈과 같습니다.

조개는 김포 대명항이나 풍물시장 또는 강화도 서쪽에 위치한 외포리 수산시장에 가면 다양한 종류를 저렴한 가격에 사올 수 있습니다.

키조개는 개당 5~6,000원 정도 하고, 가리비는 kg에 15,000원 정도 합니다. 혼자서 먹는다면 가리비 1kg만 있어도 충분하며, 4인 가족이 먹는다고 본다면 이것저것 섞어서 3만 원 정도만 사도 밥과 곁들이면 훌륭한 한 끼 특식이 됩니다.

〈가을철의 별미 조개구이와 조개라면〉

다른 계절에도 조개는 나오겠지만, 제 경험상 조개구이는 가을이 가장 맛있는 것 같습니다. 조갯살도 가장 꼭 차 있고 종류도 다양하며 날씨도 선선하니 화로에 불 피워 구워 먹기가 아주 좋습니다.

여러 번 조개구이를 해보니 모닥불이나 숯불보다는 번개탄 불에 굽는 것이 가장 좋았습니다. 일단 모닥불에 직화로 구우면 화력 조절이 안 되어 조개를 새까맣게 태우는 경우가 많고, 숯불의 경우 조개가 익으면서 흘러나오는 육수 때문에 숯이 제 역할을 하지 못하고 화력이 약해집니다. 번개탄이 적절한 수준의 화력을 유지하면서 육수 떨어지는 피해를 최소화할 수 있는 가장 합리적인 방법이라 생각됩니다.

9월까지는 좀 더운 감이 있는데, 10월과 11월은 정말 야외에서 놀기 좋은 시기입니다. 이 시기에는 주말마다 가족과 친척은 물론 친한 지인까지 돌아가며 초대하여 강화도 농막 세컨드하우스에서의 아름다운 추억을 많이 쌓았습니다.

특별히 기억나는 일화를 한번 써보겠습니다. 11월의 어느 날은 특별한 지인이 농막 세컨드하우스에 놀러 왔습니다. 그분은 책 서두 부분에서 언급한 바로 세컨드하우스 분야의 선구자이신 춘천 자연인 김성남 교수님입니다.

제 주변 지인 중에서 가장 먼저 세컨드하우스를 구축하셨고, 이러한 경험을 저에게도 많이 알려주시어 강화도 농막 세컨드하우스 구축에 간접적으로 아주 큰 도움을 주신 분입니다.

김 교수님은 토목시공기술사로서 최근에는 드론 및 4차 산업혁명에 대해 특화된 연구와 강의를 많이 하고 계십니다. 그래서인지 항상 차에 드론 장비를 가지고 다니신다고 합니다.

12월의 어느 날에는 제 농막 세컨드하우스 바로 앞에 있는 낚시터에 놀러 오셔서, 드론을 가지고 저의 아이들에게 1:1 특강도 해주시고, 드론으로 제 농막 세컨드하우스 주변을 멋들어지게 항공사진으로 촬영해주시기도 했습니다.

〈드론으로 촬영한 농막 세컨드하우스의 전경〉

〈김성남 교수님과 불멍 때리며〉

농막 세컨드하우스에서의 겨울 이야기

2020. 12. 13.(일) "어제 12시경 강화도로 출발. 코스트코에서 소갈비 구입. 동막해변. 장화리 일몰조망지 구경하러 갔다가 농막. 소갈비 구워 먹고 취침. 오늘 새벽 첫눈. 대설. 황청포구까지 산책. 아이들과 눈사람 만들고 놀다가 라면 먹고 11시경 출발."

강화도에 첫눈 내리던 날이었습니다. 그 전날, 주말을 맞아 토요일 오후부터 가족들과 강화도에 넘어와 동막해변 주변에 새로 생긴 데크 산책길도 걸어보고, 장화리 일몰조망지도 둘러본 후 농막에 들어왔습니다.

농막에서 밤새 바비큐와 불장난으로 즐거운 시간을 보냈고, 푹 잠을 잔 후 일요일 아침에 눈을 떠보니 세상에… 세상이 온통 새하얗게 변해 있었습니다.

2020년 겨울의 첫눈이 내린 것인데 새벽에 많은 눈이 쌓여 마치 동화 속 겨울왕국에 온 것만 같았습니다. 아이들은 신이 나서 잠옷 바람으로 뛰쳐나와 눈사람을 만든다고 들떠 있었습니다.

저 또한 설레는 것은 매한가지였습니다. 아이들이 눈사람 만드는 것도 도와주고 신나게 눈싸움도 하다가, 문득 눈 쌓인 강화도 시골길을 한번 걸어보고 싶었습니다.

봄과 여름에는 초록빛이 물결치던 논밭이, 가을에는 황금 물결로 풍경이 바뀌었고 이제는 완연한 겨울인데, 과연 겨울의 빛깔은 어떤 풍경일지 매우 궁금했습니다.

등산화를 신고 설레는 마음으로 시골길을 따라 서쪽 겨울바다를 향해 걸었습니다. 한 30분 정도 걷다 보니 석모도를 마주 보고 있는 외딴 포구에 도착했습니다. 수북이 눈이 내려앉은 갯벌과 살얼음 낀 겨울바다의 풍경은 역시나 또 다른 새로운 강화도의 색깔이 있었습니다.

〈2020년의 첫눈으로 겨울왕국이 된 농막 세컨드하우스〉

〈첫눈 내린 날, 눈길 밟으며 시골길 따라 포구까지 산책〉

하지만 집으로 돌아오는 길에는 길이 미끄러워 운전하는 데 아주 피곤했습니다. 뭐든지 장점이 있으면 반대로 단점도 있기 마련이지요. 그래도 새하얀 추억을 만들 수 있어 좋은 기억으로 남았습니다.

농작물 수확이 모두 끝난 12월부터는 주기적으로 보살펴주어야 하는 농작물이 없다 보니, 아무래도 농막 세컨드하우스에 오가는 횟수가 조금 줄어듭니다.

또한 기온이 점점 낮아지니 추위를 많이 타시는 분들은 더욱이 발길을 줄이실 것입니다. 저는 늘 하던 일이 건설회사 현장직 이어서 추위에 둔감하지만, 저의 마눌님은 추운 걸 정말 싫어합니다.

그러다 보니 그나마 낮 기온이 영상권인 12월 중순까지는 같이 강화도에 놀러 왔는데, 온종일 영하권으로 떨어지는 1~2월에는 강화도에 올 생각을 안 합니다.

저 혼자라도 주말마다 놀러 가 홀로 겨울산에 올라 눈꽃송이를 보기도 하고 해안도로 트래킹을 하기도 하며 강화도의 겨울을 만끽했었는데, 이마저도 1월의 장기간 영하 10도를 넘나드는 혹한의 추위 속에서는 더 이상 지속하기 힘들었습니다.

2020년 12월까지는 그럭저럭 지낼만 했는데, 2021년 1월 초부터 시베리아 한파가 몰아치면서 장기간 영하권으로 기온이 급락되다보니 수도배관이 꽁꽁 얼게 됩니다. 심할 때는 강화도 해안가 바닷물도 얼 정도인데 농막의 수도배관이 안 얼면 그게 오히려 이상한 것이지요.

강추위로 농막의 수돗물이 안 나오다보니 세컨드하우스로 기능이 현저히 떨어졌습니다. 심지어 화장실 이용도 불가능하지요. 초반에 몇 번은 온풍기를 돌리고 화장실에 전기난로를 켜두어 얼어붙었던 수도배관을 녹이면서 농막 생활을 즐겼었는데, 이 또한 지속되는 강추위로 땅속의 수도배관까지 얼게 되자 저도 더는 참고 견딜 재간이 없었습니다.

〈강추위로 수도배관이 얼어서, 온풍기와 난로로 해동 중〉

몇 번의 경험 끝에 제가 내린 결론은 결국 1~2월 혹한기에는 농막사용을 하지 않는 것이었습니다. 농막뿐 아니라 잘 지어진 전원주택도 이런 혹한에서는 매일 거주하며 시설을 관리하지 않는 이상은 배관이 얼수밖에 없습니다.

물론 계속 물이 흘러나오게 틀어놓고, 배관에 열선을 감아두고, 난로나 전기방열기 등을 항시 켜두면 얼지 않게 할 수 있겠지만, 혹여 그러다 아무도 없는 상태에서 과열 등에 의한 화재가 발생된다면 아주 심각한 문제가 될 수 있습니다.

이제 겨우 1년 경험해봤을 뿐이니 앞으로 몇 해 더 넘기다 보면 색다른 뾰족한 방법이 생길지도 모르겠으나, 현재로서는 매일 상주하며 시설관리를 한다면 모를까, 주말에만 사용해서는 관리에 한계가 있기에 그냥 1~2월은 수도 계량기를 잠가두고, 배관 내 물을 최대한 빼내어 얼지 않도록 조치한 후 영상권 돌아올 때까지 농막을 사용하지 않는 게 제일 나은 방법이라 생각됩니다.

이렇게까지 관리해도 혹한기가 지나고 봄철에 다시 수돗물 사용해보면 아래 사진과 같이 배관 조인트 부분이나 커플러 부분이 얼어서 깨져있는 경우가 종종 있으며, 동파되지 않았다 하더라도 플렉시블 수도배관은 얼면서 수축이 심하게 되었다가 날 따뜻해지면 다시 팽창하면서 조인트 구간이 헐거워져 그 틈으로 물이 새는 경우가 허다합니다.

〈혹한기 주로 동결 파손되는 수도배관 부분 사례〉

이런 유형의 수도배관 손상은 간단하게 2~3만 원 정도 들이면 부품 갈아 끼워 수리는 금방 되지만, 겨울철마다 어쩔 수 없이 같이 안고 가야 하는 고질병과 같은 것이라 생각하면 차라리 마음 편하실 것 같습니다.

6절

수익 실현

경우에 따라 매도하여 투자수익 얻을 수 있다

농지와 농막도 투자대상이 될 수 있습니다. 물론 제가 처음부터 매도를 목적으로 강화도의 토지를 사서 농막을 만든 것은 절대 아닙니다. 지난 1년간 이 농막 세컨드하우스를 통해 저의 아이들과 정말 많은 추억을 만들었습니다.

아마 우리 아이들은 여기 농막 세컨드하우스에서 보낸 여름 물놀이와 계곡 가재 잡기, 화덕 만들기, 모닥불 바비큐 등의 추억을 평생 잊지 못할 것입니다.

그렇지만 저에게 더 큰 목표가 생겨 연초에 이 토지와 농막을 일괄적으로 매도하게 되었습니다. 그 더 큰 목표란, 정말 제대로 된 좋은 흙의 농지에서 정식으로 제대로 된 농사를 지어보고 싶다는 생각이 들었기 때문입니다. 아직 완전히 확정된 것은 아니지만 강화도 특산 호박고구마를 주 종목으로 하여 제대로 농사를 지어, 수익까지 올려보려 합니다.

제 목표는 50대 중반 넘어서 아이들 대학까지 졸업시키고 나면 더는 제 시간을 빼앗기는 근로소득에 연연하지 않고, 투자수익과 연금 등의 비근로 자본소득만으로 남은 삶을 보내는 것입니다.

하지만 아무 일도 하지 않는다면 너무 심심하고 무료해서 오히려 건강을 더 해칠 수 있습니다. 그래서 생각해낸 노후 소일거리가 바로 농사였습니다. 그중에서 우선 상대적으로 손이 덜 필요한 고구마 농사로 시작을 해보려는 것입니다.

제 토지에서 운동 삼아 손수 모종 심고 가꿔 제 건강도 유지하고, 주변 지인들에게 신선한 유기농 농작물도 나누며 용돈도 벌고, 궁극적으로 70~80세 넘어 체력적으로 한계에 이른 완연한 노년기가 되었을 때, 추가 노후자금이 필요하다면 이 토지를 매도해서 노후자금을 만들어도 좋고, 아니면 농지연금을 활용해 다달이 연금을 받는 것도 괜찮은 방법이라 생각합니다.

여러 가지 가능성을 모두 살펴봐야 하는데, 농지연금까지 고려한다면 최소 300평(1,000㎡) 이상의 면적이 되어야 하기에 이러한 부분들을 모두 고려해서 새로운 농지를 매수하고자 토지 매물을 알아보게 되었던 것입니다.

다행스럽게, 2020년도에 코로나19 팬데믹으로 혼란스러운 와중에도 다양한 기술사 프리랜서 활동과 사업 등 수익을 합하여 일반 대기업 직장인의 2~3배 정도의 소득을 올렸고, 이 여유자금에 토지담보대출을 좀 보태면 장기적으로 투자가치 있는 좋은 입지에 원하는 규모의 농지를 살 수 있다고 판단했습니다.

이러한 조건으로 2020년 12월 말부터 제대로 농사지을만한 농지를 알아보던 중, 운 좋게도 급매로 매물 나온 약 400평대의 고구마 심기 좋은 토질의 적당한 농지를 발견하게 되었고, 매도자와의 가격협상 끝에 최종 매수를 결정하게 되었습니다.

그 위치가 같은 강화도이기는 하나 강화도가 상당히 넓은지라, 제 농막 세컨드하우스에서 차를 타고 30분을 가야만 도착할 수 있습니다. 당초 계획은 기존의 농막 세컨드하우스를 이용해 왔다 갔다 하며 농사 짓는 것이었는데, 너무 거리가 멀다 보니 고심 끝에 새로운 토지에 새로운 농막을 신규로 설치하는 방향으로 계획을 변경하게 되었습니다.

〈새로운 405평 면적의 농지 전경 및 토지이용계획〉

새로운 토지는 비록 경치나 풍경은 기존의 토지에 비해 조금 못 미치지만 입지는 더욱 지가 상승 가능성이 높은 위치로서, 장기적인 관점에서 나쁘지 않다고 판단되어 빠른 실행에 옮기게 되었고 이 글을 쓰고 있는 현재 토지매수를 완료하여 구체적인 신규농막 제작설치를 구상하고 있는 중입니다.

이러한 사정으로 부득이 정성껏 꾸며왔던 제 첫 토지와 농막 세컨드하우스를 매도하기로 마음먹게 되었고, 좋은 분에게 제 토지와 농막을 그대로 매도하게 되었습니다.

제 세컨드하우스 토지는 비록 개발 가능성은 적지만 풍경이 좋아 전원주택지로 인기가 많은 입지인지라, 제가 매수한지 불과 8개월 만에 매수했던 시세보다 더 높은 평단가로 매도하게 되었고, 컨테이너 및 정화조, 펜스 등의 농막 시설은 제가 들였던 실 투입비용 그대로 모든 비용을 환수할 수 있었습니다.

토지의 최초 매수가 8,100만 원 중 대출금을 제외하면 취·등록세, 중개 수수료, 법무사 보수, 그간의 대출이자 등 부가비용을 모두 감안하여 토지매수 실 투자금은 약 2,200만 원이 소요되었습니다. 이 실 투자금 대비하여 매도하면서 얻은 이익을 연 수익률 개념으로 환산해 보면 무려 55%가 됩니다.

요즘 시대에 은행금리가 1%가 채 안되는데, 수익률 55%라면 아주 괜찮은 투자수익이라 생각됩니다. 게다가 그 토지를 농막 세컨드하우스로 사용하면서 얻은 우리 가족의 소중한 추억은 감히 비용으로 환산할 수 없을 정도이지요.

즉, 괜찮은 입지의 좋은 토지를 싼 가격에 잘 매입해 둔다면 농막을 지어 세컨드하우스로 활용해 가족들과 즐거운 추억도 쌓을 수 있고, 추후 필요하다면 이렇게 매도를 통해 괜찮은 수익을 올릴 수도 있다는 것입니다.

그러므로 처음 토지 매수 단계에서부터 입지 괜찮은 곳을 잘 골라 시세보다 저렴하게 구입했다면 어떠한 상황에서도 물가상승률보다는 지가가 더 오르니, 농막 설치하여 가족들과의 세컨드하우스로 활용하여도 투자 관점에서도 결코 손해 보지 않는 투자라고 할 수 있겠습니다. 그러니 시작도 해보기 전에 괜한 걱정과 두려움을 가지실 필요 없고 손품 발품 팔아 남들이 선호하는 좋은 입지의 토지를 선점하는 게 중요하겠습니다.

여기까지 긴 글 읽어주셔서 대단히 감사합니다. 읽어보셨다시피 글 하나하나 모두 제가 직접 공부하고 경험한 사례를 최대한 사실적으로 설명하고자 노력했습니다.

2019년에 첫 책 『새벽 4시, 꿈이 현실이 되는 시간』을 출간한 이후 매년 한 권씩 집필하겠다는 저만의 인생목표를 세웠고, 이를 달성하고자 2020년에는 두 번째 책 『새벽 4시, 연봉 2억 프리랜서가 되는 시간』을 출간하였습니다.

두 책 모두 건설업에 특정된 주제이다 보니, 건설업에 종사하시는 분들께서는 많은 사랑을 보내주셨지만 다른 업종에 계시는 분들에게는 많이 생소하고 어려운 책이었을 것입니다.

그래서 이번에는 상대적으로 넓은 계층이 호응할 수 있는 소재로 책을 써보고자 주제를 고심했었는데, 마침 코로나19 팬데믹이라는 사상 초유의 상황을 겪게 되어 농막 세컨드하우스에 관심을 가지게 되었고, 농막 설치를 위해 하나하나 단계를 거칠 때마다 그 자료를 체계적으로 수집하고 당시의 기분과 느낌 등 모든 것을 기록으로 남겨두었습니다.

이 기록을 이렇게 한 권의 책으로 편집하면서 2020년에 우리 가족들과 함께 보냈던 농막 세컨드하우스에서의 추억을 다시 한번 되돌아 볼 수 있어서, 집필작업 내내 저에게도 아주 행복하고 즐거운 시간이 되었습니다.

5도2촌 세컨드하우스 전원생활을 꿈꾸는 분들은 많으신데 기존 출간된 서적 대부분은 거창한 전원주택을 짓는 것이나 아니면 완전한 귀농생활 농사에 대한 것에만 초점이 맞춰져 있다 보니, 가장 현실적인 5도2촌 대안인 농막에 대한 정보는 찾아보기가 어려웠습니다.

저의 소소한 경험을 정리한 이 책이 저와 같이 농막 세컨드하우스를 조성하여 가족들과 소중한 추억을 만들고 싶어하는 많은 분에게 조금이나마 도움이 될 수 있기를 간절히 소망합니다.

이 책에 쓰여 있다시피 저는 이제 400여 평의 고구마밭을 일구며 더욱 진화된 5도2촌 농막 세컨드하우스 생활을 지속해 나갈 것입니다. 나중에 기회가 된다면 그 경험 역시 이렇게 책으로 정리하여 5도2촌을 꿈꾸시는 다른 분들께 공유할 수 있도록 노력해 보겠습니다. 다시 한 번 긴 글 읽어주심에 감사드리며 이 이야기는 여기서 그만 줄이도록 하겠습니다.

박춘성

네이버 블로그: '미추홀 박사의 생계형 기술사 이야기'
E-mail: 2sakoo@naver.com